Chinese Economists 50 Forum
中国经济 50 人论坛丛书

走进中国经济 50 人论坛
握手中国最有影响力的群体经济学家

中国经济50人论坛丛书
Chinese Economists 50 Forum

疫情后中国经济新发展格局

白重恩 蔡昉 樊纲 江小涓
隆国强 杨伟民 易纲 主编

中国出版集团
中译出版社

图书在版编目（CIP）数据

疫情后中国经济新发展格局 / 白重恩等主编 . -- 北京：中译出版社，2021.4（2023.3 重印）

ISBN 978-7-5001-6620-7

Ⅰ.①疫… Ⅱ.①白… Ⅲ.①中国经济—经济发展—研究 Ⅳ.① F124

中国版本图书馆 CIP 数据核字（2021）第 043844 号

疫情后中国经济新发展格局

著　　者：白重恩　蔡　昉　樊　纲　江小涓　隆国强　杨伟民　易　纲
策划编辑：于　宇
责任编辑：于　宇
文字编辑：薛　宇　黄秋思
营销编辑：杨　菲

出版发行：中译出版社
地　　址：北京市西城区新街口外大街 28 号 102 号楼 4 层
电　　话：（010）68002494（编辑部）
邮　　编：100088
电子邮箱：book@ctph.com.cn
网　　址：http://www.ctph.com.cn

印　　刷：北京顶佳世纪印刷有限公司
经　　销：新华书店
规　　格：710 mm×1000 mm　1/16
印　　张：19.25
字　　数：204 千字
版　　次：2021 年 4 月第 1 版
印　　次：2023 年 3 月第 7 次印刷

ISBN 978-7-5001-6620-7　　　　定价：79.00 元

版权所有　侵权必究
中　译　出　版　社

编委会名单

主　编：

　　白重恩　蔡昉　樊纲　江小涓　隆国强　杨伟民　易纲

编委会成员（以姓名拼音字母为序）：

　　白重恩　蔡昉　樊纲　江小涓　隆国强　杨伟民　易纲

编辑工作人员：

　　徐剑　杨春　朱莉　李江洪

序 言

"中国经济50人论坛"完全是一个非官方的学术组织,其目的是使一些学者能够经常地相互交流与沟通,定期或不定期地在一起讨论一些大家正在进行着的研究课题,相互启发一些研究思路。它不像美国的"总统经济顾问委员会",是一个政府机构,也不像法国总理府的"经济40人",德国科学院的"智人团"等,多少有些"官方色彩"。"中国经济50人论坛"完全像是一个"同人会",尽管它的一些成员有政府职位,尽管在最初的成立阶段,国家信息中心和中国经济信息网提供了重要的组织方面的支持,但它本身不是一个(也没有意图成为一个)正式的机构,而只是一些经济学者自发组织进行交流的平台。

"中国经济50人论坛"成立以来,组织了不少"封闭式"(没有媒体报道)的研讨会,但"长安讲坛"是一个面对公众的政策论坛,对任何参加者都不收取任何费用,每次活动请一位经济专家或学者,就自己近期研究的一个问题,做40~60分钟的演讲,然后听取听众的批评、提问,并答疑、讨论30分钟,在一个半小时的时间里,可以将一个问题相当深入地讨论一番。对听众来说,可以从专家的演讲和答疑中获得大量的信息、知识,可以快捷地了解到这一方面问题目前研究的前沿状况;而对讲演者来说,这不仅是一个发布自己研究成果的讲坛，也是一个直接听取批评、发现问题、得到反馈，以便改进自己研究的绝好机会。"中国经济50人论坛"多年来坚持每两个星期举办一次"长安讲坛"，几乎所有在经济理论和经济政策领域里有所建树的学者、专家，都到论坛上宣讲过自己的研究成果，涉及范围广泛，讨论问题深入。回顾起来，已颇为壮观。也正因如此，出版界和我们论坛的组织者觉得，将"长安讲坛"和其他一些相关的公共论坛上大家的发言或发言的论文收为文集，或许具有一定的学术价值，也得以使大家的研究成果产生更大的社会影响。

在这套丛书的出版过程中，各位作者当然会对自己的论文或演讲稿进行一些修改和补充，在一定程度上，这里收集的东西，已经不同于当初在论坛上宣讲的内容，但这其实也是论坛本身的成果，体现了论坛的作用，因为论坛的目的就是在更广泛的讨论和辩论中，使大家的观点得到修整和完善。不过，在这套丛书中，我们仍然可以看到这几年来大家所关心、所讨论的问题的踪迹，这也是一个历史的记录。

我们将努力把论坛的活动继续办下去，因此，这套丛书也会不断地出版下去，也许会更加及时地反映论坛上大家所讨论的问题，使更多不能身临论坛的读者，能够及时了解论坛上的话题，以各种方式加入经济问题的讨论中来。毕竟，中国的经济改革与经济发展，需要更多的人参与，需要有更多的新观点、新思想、新办法，需要有更多的民主机制，来解决我们所面临的和将要面临的各种难题，确保中国能够持续地发展下去。

樊　纲

目 录

序 言

第一章 "十四五"期间中国经济发展背景和展望
- 一、经济增长的潜在速度　003
- 二、由高速度增长向高质量发展转型　017
- 三、全球化遭遇逆流　024
- 四、促进国内国际双循环　027
- 五、全面深化改革　034

第二章 中国经济如何实现自身潜在增长率
- 一、中国经济增长面临的国际背景　038
- 二、中国经济增长面临的国内因素　053
- 三、对中国经济增长的政策建议　062

第三章 形成强大国内市场,构建新发展格局
- 一、构建新发展格局　071
- 二、中国经济发展趋势　079
- 三、畅通国内大循环　085

第四章　新发展格局下的内需体系与改革开放
　　一、新发展阶段构建新发展格局的国内外环境　092
　　二、加快构建完整的内需体系　103
　　三、以新一轮改革开放促进构建新发展格局　113

第五章　开拓十亿中低收入人群大市场
　　一、国内大循环的突破口在哪里　122
　　二、市场开拓性创新　124
　　三、低端颠覆"四部曲"　128
　　四、中国的未消费市场有多大　131
　　五、关注下沉市场　133
　　六、对开拓"下沉市场"的建议　138

第六章　粮食流通与农业发展
　　一、粮食流通体制改革走过了一条漫长而又曲折的道路　143
　　二、党的十八大以来粮食流通体制改革的新进展　162
　　三、进一步完善粮食价格形成机制和收储制度　174

第七章　疫情冲击下的全球经济与金融
　　一、疫情对经济的影响机制及抗疫经济政策构建　182
　　二、疫情对全球金融的影响　191
　　三、中国经济重启的政策展望　200

第八章　全球产业链重构与中国战略应对
　　一、全球产业链重构的趋势　214
　　二、中国面临的挑战　225
　　三、中国的机遇与优势　229

第九章　金融的谜题：德国金融体系比较研究

　　一、德国金融体系的七大谜题　　　　　　　　　　244
　　二、德国如何实现金融与实体经济的良性循环　　　256
　　三、德国的低杠杆率是如何维持的　　　　　　　　264
　　四、德国的中小企业融资并不难　　　　　　　　　268
　　五、德国股票市场发展是否滞后　　　　　　　　　276
　　六、从历史政治经济社会多视角认识德国金融体系　281
　　七、德国金融的十点启示　　　　　　　　　　　　285

附录 1 / 291

附录 2 / 292

附录 3 / 295

中国经济 50 人论坛丛书
Chinese Economists 50 Forum

第一章 "十四五"期间中国经济发展背景和展望[①]

白重恩[②]

[①] 本文根据长安讲坛第 367 期内容整理而成。
[②] 白重恩,中国经济 50 人论坛学术委员会成员、清华大学经管学院院长。

本章的内容大概分为以下两个部分：第一部分讲背景，制定规划首先要了解到当前的背景，理解"十四五"规划制定的背景对于理解规划会有帮助。第二部分讲展望，一是关于国内国际双循环，以国内大循环为主，国内国际双循环相互促进；二是关于经济改革。

一、经济增长的潜在速度

首先来看一下"十四五"期间中国经济发展的背景。我想先阐述一下 2015 年所做的研究，当时是为"十三五"规划做准备，对"十三五"期间经济增长潜力做研究，也对 2015 年（"十三五"规划制定的那一年）到 2050 年经济增长的潜在速度做一个展望。任何对未来做预测的研究都面临着很大风险,因为未来那一天总会到来,到了那一天就会有人来对照,验证当时的预测是否准确。还好过去五年的发展和我们当时的预测比较接近。我希望把我们做研究的方法分享给大家,请大家来判断我们这些假设是否有逻辑,做的预测是否有道理。

所有的预测都没有办法控制未来可能发生的冲击。比如几年前,没有人预料到现在世界所面临的情况。而对于这样的冲击会产生多大影响,现在也很难判断。美国选举会不会影响全球经济增长,也都不是那么清晰。所以任何预测都会面临很多未知数。

图1.1和图1.2是2010年以来中国经济按每季度年化的增长速度,基本是在不断下降。如果加上2020年前两个季度数据,下行趋势更明显,因为第一季度是负增长,但是这不代表着常态,所以也请主要关注之前的部分。

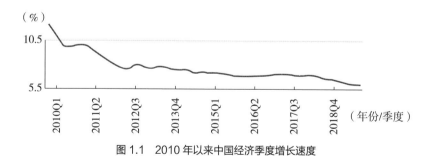

图1.1 2010年以来中国经济季度增长速度

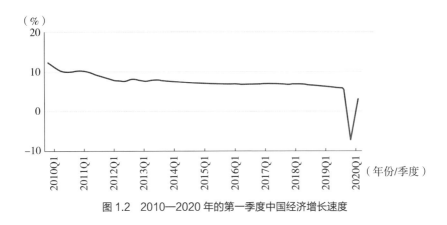

图1.2 2010—2020年的第一季度中国经济增长速度

如果这个图告诉我们,未来经济增长速度是一个下降的趋势,那么会下降多少呢?这是我们希望通过研究回答的问题。其实对这个问题,我们多年前就开始思考。比如2008年,很多人就在判断未来经济增长速度会怎样,也有一些很有影响力的观点。这些观点是基于经济增长理论中的后发优势,听上去很有道理。什么叫后发优势呢?就是当一个经济体在增长的时候,它可以得益于更发达的经济体过去的经验和教训,借鉴更发达经济体所拥有的管理技术和科学技术等——别人好的东西我都可以学,别人犯过的错误我可以尽量避免。因为有了前车之鉴,使得我们有学习的空间,同时还避免走弯路。后发国家因为这种学习和借鉴,就会有更高的潜力来增长。

如果相信这个观点,对于我们预测一个国家的经济增长会很有帮助。因为如果离前沿经济体还有较大的距离,后发国家的学习空间、后发优势可能就会大一点。当然也有理论认为,如果离经济前沿太远,连学习的能力都没有,那么后发国家的经济增长就会很差;当有了这种学习能力后,则离前沿的距离越大,后发优势越大，经济增长潜力也越大。还有一点，当后发国家的资本积累水平很低的时候，资本边际回报率会比较高，经济增长速度也比较快；随着越来越接近经济增长的稳态，再要实现进一步增长就比较困难。所以，种种原因都会带来所谓的后发优势。

如果相信这些后发优势的理论，我们就可以利用一个国家的经济发展水平或者说学习空间有多大这样一个测度（Measure），来作为预测经济增长潜力的依据。我们怎么来测度某个经济体和最发达的经济体之间的距离呢？用绝对差距数显然不合适，因为发达国家也在变化，比如美国现在的人均国内生产总值（GDP）是65 000美元，我们现在和美国差10 000美元不是太大的差距。50年前的美国人均GDP比现在要低很多。如果50年前我们和美国的差距是10 000美元，距离就很远。所以，如果现在和发达国家的距离还用10 000美元、20 000美元这样的指标，就不是特别可靠——这好比你用一个不断改变的尺子来衡量距离一样。所以，我们要用中国的人均GDP和美国的人均GDP做一个比值，这个比值不受价格变动的影响，是一个比较稳定的值。用这个值来度量一个经济体和一个发达国家经济体的距离，就更加可靠。

比较两个国家GDP，会遇到一个问题是汇率。因为中国GDP是用人民币计算，美国GDP是用美元计算。按美元计算中国的人均GDP，背后已经用了汇率来换算。用什么汇率比较合适呢？市场汇率受很多因素的影响，和这个国家贸易部分有多大、可贸易部分相对其他部分如何有关系。对于研究经济增长的人来说，通常不使用市场的汇率，而是用一个能反映购买力的汇率，比如用所谓的购买力平价汇率。什么叫购买力平价汇率呢？比如中国的一个典型消费者，每年消费 40 000 元人民币，我们将其消费的产品、服务列在一个清单上，例如每年吃多少米，吃多少猪肉，吃多少牛肉，买多少鸡蛋，喝多少牛奶，消费多少汽油，住房消费等。这个清单可以告诉我们其中每一项是多少量，甚至告诉我们每一项的质量如何。然后我们把这份清单的消费金额加起来，总计为 40 000 元人民币。接着，我们把这份清单拿到另外一个国家去，比如拿到美国去购买同样清单上的产品和服务，计算一下大概要花多少钱，这样就具有可比性。同样一个清单上的产品，如果在中国大概花 40 000 元人民币，在美国花 10 000 美元，那么 10 000 美元的购买力和 40 000 元人民币购买力就是一样的。此时我们就说也许 1 美元值 4 元人民币，这就是所谓购买力平价汇率。

购买力平价汇率是有争议的，比如我们现在假定的是中国清单，不是美国清单，因为美国消费者的消费清单跟中国不一样，换一个清单得到的购买力平价汇率就可能跟着改变。但购买力平价汇率还是能比较好地反映一个国家跟另一个国家的相对生活水平，生活水平跟购买力有很大关系。如果用这个汇率，那么 2008 年中国人均 GDP 按购买力平价汇率计算大致是美国的 1/5 稍多一点。刚才我们说到经济增长的潜力和后发优势有关系，如果说后发优势是决定经济增长唯一的因素，增长潜力就与和发达国家的距离有关。当和发达国家的距离（也就是 GDP 之比）是增长潜力 1/5 的时候，增长速度就确定了。这里说的是理论假设。实际上，一个国家增长不可能只取决于它与发达国家之间有多大距离，还会有很多其他因素。但是我们为了能够做预测，做这样的假设可能是有用的。如果我们采取这样的思路，那可以得出什么样的判断呢？

2008年，我国的人均GDP是美国的1/5，现在大概是1/4。当人均GDP是美国1/5的时候，增长潜力是多少呢？只看中国，我们不会知道答案，因为未来还没有发生。但我们可以看其他国家、其他经济体，那些比我们发展水平更高的经济体，当它们的人均GDP是美国1/5的时候，增长速度是多少？我们列出这三个例子：日本、新加坡和韩国。它们的人均GDP达到美国的1/5，分别是在1951年、1967年、1977年，在那之后的20年里，它们的平均增长速度分别是9.2%、8.6%、7.6%。如果我们把这三个增长速度平均一下，平均值应该超过8%。所以在2008年我们做出了这样一个判断：中国未来还有20年的时间，在这个时间窗口内每年可以平均增长8%。如果接受刚才那个假设，这是一个很合理的说法。

当时这个判断很有影响力，道理既简单也有说服力。正是基于此，我国做了一些政策的决策。比如2012年，"十八大"文件提出了一个目标，要全面实现小康，就是要在2010—2020年实现经济体量加倍。10年加倍需要每年平均增长7%左右，按照刚才的判断，我国的经济增长率能达到8%，所以对7%的增长肯定更有信心，因此非常有信心地制定了这样一个目标。但后来发现，实现这个目标还是非常困难的。2020年，可以检查一下，目标基本实现了。

到底是什么原因呢？刚才的增长率判断逻辑上很有道理，为什么和实际情况不一样呢？不仅没有实现8%，实现7%都用了很大的劲，说明肯定是在某些地方出了问题。如果我们假设决定经济增长潜力唯一的因素是后发优势，而对后发优势的唯一度量就是和发达国家有多大的距离，那么这个假设显然就有问题。影响经济增长潜力的肯定不仅仅是后发优势，还有很多其他的因素。我们假定度量没有问题，那么影响经济增长的除了后发优势和与发达国家的距离之外，还有其他哪些因素？当然还会有很多，这又会让我们陷入另外一个问题。刚才只考虑了一个因素，如果把各种可能影响经济增长的因素都拿来列一个清单，那可能会是厚厚的一本书。影响经济增长的因素很多，即使只把人们认为重要的拿出来，也可以写满满一页纸。如果我们要把纸上的每一项都分析一下，那就没有希望得出答案了。有那么多可能的影响因素，做不到每个都量化。

此时需要有一个权衡。一个办法是只考虑一个指标，看看和发达国家有多大距离；另一个办法是把所有重要指标都考虑进来，这又做不到。那么有什么折中办法吗？既要考虑足够多的因素，又不能考虑得太多，使工作做不下去。所以 2015 年，我们做了很多尝试，找出哪些因素对经济增长的影响比较大，再用一定的数据来说明剩下的因素。

首先我们是看劳动力。一个国家的经济增长潜力，和这个国家的劳动力现状及其变化趋势和速度有很大关系。如果国家正处在人口红利期间，年轻人占的比例越来越高，能够参加劳动的人占总人口的比例越来越高，有更多的人可以对生产做出贡献，增长潜力就会高一些。如果这个国家已经过了人口红利阶段，进入了人口老龄化的阶段，劳动力占总人口的比例越来越小，对于经济增长就不利。

图 1.3 是中国和上面提到的三个经济体的对比。提到劳动力占

总人口的比重,就需要界定"劳动力"的概念。大家普遍比较接受的划分方法,就是把 15—64 岁的人界定为适龄劳动人口。15 岁以下的孩子界定为不会参与生产,65 岁以上的老人也假设为不参与生产。对 15 岁以下的孩子,我希望假设是对的;对 65 岁以上的老人,希望假设是不对的,因为今后会有更多的 65 岁以上的人能够为社会做贡献。

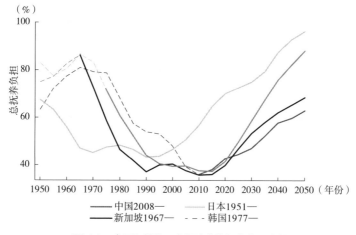

图 1.3　中国和其他三个经济体的抚养费用比例

图 1.3 中展现的指标叫作抚养比、总抚养负担,指每 100 个适龄劳动人口要负担多少个 15 岁以下的孩子和 65 岁以上的老人。1951 年日本的人均 GDP 是美国的 1/5,当时日本的总抚养负担比大概是 67%—68%,即每 100 个人要负担 67 个老人和孩子。但是在那之后 20 年,日本的总抚养负担在不断下降,适龄劳动人口占总人口比重不断上升,这是有利于增长的。所以日本 1951 年之后的 20 年,人口红利非常显著。同样,新加坡 1967 年以后的 20 年,

韩国 1977 年之后的 20 年，也是人口红利比较显著的时期。我们正好选到的这三个经济体，都有享受人口红利的 20 年。

再来看中国，2008 年人口红利结束。用中国的这段时期和它们来类比存在问题，因为我们的适龄劳动人口占总人口的比重和趋势与它们不同，这会影响经济增长速度。另外一个是就业参与率。如图 1.4 所示，当就业参与率提高的时候，即使适龄劳动人口占总人口比重不变，也会有越来越多的人参与生产，经济增长速度就会快一点。日本在 1951 年之后的 20 年，就业参与率基本是上升的，新加坡和韩国也都是处在就业参与率上升阶段。而中国的就业参与率在下降，原因有很多。一是我们的教育在改善，15—18 岁乃至 15—22 岁的很多孩子在上学，没有参与就业；二是 60 岁是我国的法定退休年龄，60—64 岁年龄段的人口不再参与生产，而这个年龄段的人口占总人口的比重不断增加。所以总体就业参与率在下降。当然还有一些其他原因，但都不是主要原因。

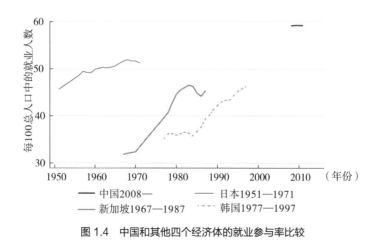

图 1.4 中国和其他四个经济体的就业参与率比较

我们不仅面临人口红利消失，就业参与率也在下降，这些都对经济增长不利。如果考虑这些因素，是不是就充分了呢？我来做这样一个简单的分解，GDP = 劳动生产率 × 劳动力的总量，劳动生产率等于平均每个劳动力的 GDP，所以第一个公式只是定义。从第一个公式出发，做一点数学运算，就得到 GDP 增长速度 = 劳动生产率增长速度 + 劳动力增长速度。从第一个公式到第二个公式是一个简单的推导，一旦做了这样的分解，如果知道劳动生产率增长速度、劳动力增长速度，就会得到 GDP 增长速度。中国因为人口红利消失、就业参与率下降，劳动力增长速度比较低，而日本等经济体在它们相应的 20 年里，劳动力增长速度很快，这个差异会影响经济增长。

关于人口，我们有比较可信的模型。所以对于未来人口增长速度、未来人口结构来进行预测，我们有一些大家愿意接受的预测结果。

我们也对就业参与率做了一些研究和预测。有了对人口结构趋势的预测和对就业参与率趋势的预测，就可以预测劳动力的变动趋势。于是剩下的问题就是劳动生产率增长速度，其仍然取决于很多因素。比如投资增速的高低，科学技术发展的情况。我们看劳动力只是计算人口数，没有看素质如何，劳动力素质改善的速度有多快，制度是不是有利于经济增长等各种各样的因素，这些都会影响劳动生产率的增长速度。

劳动生产率增长速度的数据能够告诉我们什么？如图 1.5 所示，我们能看到很多经济体的劳动生产率增长和经济发展水平之间的关系。横轴代表每个经济体在某段时间的劳均 GDP 和美国劳均 GDP 的比值，用来测度该经济体的经济发展水平，比值越小，说明距离美国的发展水平越远。纵轴则代表每个经济体的劳动生产率增长速度。如果相信前面讲的后发优势理论，那么越朝左边，经济体的增长潜力应该越大。

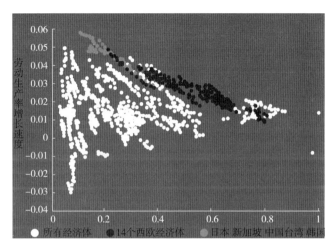

图1.5　各经济体的经济发展水平与增长速度

我们做了若干年的移动平均，把短期的波动过滤掉，从图1.5中能够得出什么样的结论？可以看到，有些国家享受了后发优势，例如浅灰色的和深灰色的这些点。浅灰色的点代表4个东亚经济体：日本、新加坡、中国台湾和韩国。深灰色的点代表14个西欧经济体。白色的这些点有的则没有享受到后发优势，尤其是左边这一块特别大的部分说明，当经济水平发展很慢的时候，经济增长或者是劳动生产率增长的差异非常大，有的经济体增长很快，有的经济体却增长非常慢。

如果说，浅灰色和深灰色这些经济体实现了经济增长的潜力，而白色的这些经济体没有实现经济增长的潜力，那么浅灰色和深灰色这个条带就代表了劳动生产率增长的潜力。如果这个条带太宽的话，其实没有用处。但因为条带相对比较窄，说明后发优势是重要的。对于我们做的猜测，数据似乎能够支持。

下面我们做进一步的假设。假设中国能够像这些浅灰色和深灰色的点代表的经济体在历史上表现的那样，也就是说，能够实现经济增长潜力。如果我们能够实现经济增长潜力，而上面这个条带代表着潜力的趋势，那我们就可以找一条曲线来逼近这上面这些点见图1.6。找一个函数组，然后在里面找一个函数，正好能够最逼近这些点，就可以用那个函数来代表这样的趋势，从而可以预测中国未来的劳动生产率增长速度。这就是我们的做法。

如果相信刚才我们做的假设，即中国未来劳动生产率增长速度会像刚才那条线所预示的趋势那样，那么未来劳动生产率增长速度就会是表1.1中这些数字。方法是不断迭代，有了2015年数据，推出2016年数据，再用2016年推出2017年的数据。但这还不是经济增长速度，而是劳动生产率增长速度。经济增长速度＝劳动生产率＋劳动力增长速度，劳动力增长速度是多少呢？我们刚才说人口红利很重要，人口结构很重要。

表1.1　联合国对中国潜在经济增长速度的预测结果　　单位：（%）

	潜在经济增长速度		
	劳动生产率潜在增速	劳动力增长率	潜在经济增长率
2016—2020年	6.12	0.24	6.36
2021—2025年	5.54	0.03	5.57
2026—2030年	5.10	−0.24	4.86

续表

	潜在经济增长速度		
	劳动生产率潜在增速	劳动力增长率	潜在经济增长率
2031—2035 年	4.75	−0.78	3.97
2036—2040 年	4.47	−1.19	3.28
2041—2045 年	4.23	−0.94	3.29
2046—2050 年	4.04	−1.19	2.85

如图1.6所示，联合国有一个人口模型，我们借用这个人口模型，有高值、中值、低值的测算结果，我们取中值。适龄劳动人口占总人口比重，在20世纪60年代到2010年在上升，这段时间是人口红利期，之后则下降。这个下降对于劳动力增速有负面影响，再结合就业参与率分析，就得到劳动力增速，"十三五"期间是正的，"十四五"期间基本是零，之后都是负值。把劳动生产率增长和劳动力增长这两个加起来，就得出经济增长潜在速度的预测。

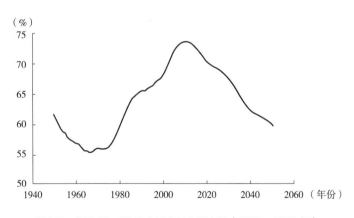

图1.6 中国15—64岁人口占总人口比重（1950—2050年）

当时是2015年，我们对"十三五"期间做了预测，得出的结果是 6.36%，2020 年还是在"十三五"期间。这个结果比较接近实际，但可能不是我们预测得准，而是运气好，还有政策等很多其他因素。对"十四五"期间，我们的预测是 5.57%。

我们对一些数据做了滤波，把短期波动通过移动平均等方法去掉。"十四五"期间可能会遇到一些短期的波动，会对经济增长潜力产生影响，问题是这样的短期波动的影响会有多大，很难进行预测，因为这个世界太不确定了。正是因为这样的不确定性，尽管往年政府工作报告都会提到预期经济增长速度，但 2020 年没有，因为面临太多的不确定性。我认为现在预测未来的经济增长速度，也面临着太多的不确定性。但是我给大家介绍的研究结果，就是想给出一个参照。如果我们没有现在遇到国际上非常严峻的形势，大概的情形会是怎样。至于遇到了这样严峻的形势会对我们影响多大，则可以作一个判断。然后综合起来，看我国的经济增长潜力有多大。

如果这些预测是对的，那么到 2050 年我国经济增长会是什么样呢？美国有一个经济增长速度的预测，这个预测现在来看也不一定准确，因为现在国际局势可能对于所有国家的经济增长都有负面影响。如果我们暂且相信这样的预测，美国的增速是 2.56%，由于中国每个时间段的预测增速都高于 2.56%，我们和美国的距离就会不断缩短。到 2050 年，我们的经济总量将是美国的 1.8 倍，人均 GDP 是美国的 53%。葡萄牙、立陶宛、爱沙尼亚，这些国家目前的人均 GDP 是美国的 53%，大概能给我们一个直观的感受。

有人会问，影响经济增长有太多的因素，给出的预测为什么就会有道理？我很难回答这个问题。例如一个国家的大小会不会影响经济增长潜力？如果看数据或者看我们通常用的模型，国家的大小好像没有显著的影响。但人们总是会有各种各样的思考，比如说认为大国有优势，到现在的数字经济时代，确实是大市场有优势。十大互联网公司没有一家是中美两国之外的，因为这两个国家就是有大市场。在数字经济时代，一个大的经济体确实有它的优势。

然而大的经济体也有它的困难。曾经有一个说法叫作"中国价格"。就是当中国的某个行业发展起来的时候，全世界这个行业所需要的原材料价格就会猛涨，这个行业所生产的产品价格就会猛降。尤其是中国的所有企业都朝同一个方向发展的时候，其他国家的需求和供给没有办法做及时调整，就会造成需求的产品不足，供给的产品过剩，就会影响效率。影响效率就会影响经济发展，因为企业不赚钱了，未来投入就比较困难，就会影响经济增长速度。人们经常会这样，当我们觉得某一个产业是战略新兴产业、支柱产业的时候，虽然这个产业的发展确实对经济增长有好处，但我们通常也会用力过度，应该支持的产业得到了支持，但支持了以后就变成产业过剩。我们可以看到有诸多这样的产业。当产能过剩经过一段时间慢慢消化以后，产业发展起来了，但中间过程带来了比较大的损失。因为数据中没有发现国家的大小对经济增长有显著的影响，可能是前面讲的国家体量大的优势和劣势抵消了。

二、由高速度增长向高质量发展转型

第二个国内背景，就是我们要坚持高质量发展，要由高速度增长向高质量发展转型。高质量发展有非常丰富的内涵,我没有能力把它全部列举出来。但关于高质量发展中的经济领域的几个重要方面,我想跟大家分享一下。我认为以下三个方面很重要。

第一,增长的目的是什么?如果增长目的是改善人民生活,为了满足人民对美好生活不断提高的需求,就要在居民获得中反映出来。居民从经济增长中获得越多,经济增长的质量就越高,至少对中国是这样。我们认为中国居民消费占GDP的比重还是比较低的,如果能够带来居民消费占GDP比重的提高,我认为这是高质量发展的一个方面。这里不仅仅有量,还有质。我国是不是有更高质量的消费,不仅有居民花钱购买的消费,还有一些公共服务也需要跟上。例如,疫情以后大家特别关心公共卫生体系,这也是居民生活的非常重要的一个方面。

第二,生产要更加有效率,可以利用有限的资源更好地满足人们的需求。有很多方面影响生产效率,有一个生产效率的测度叫作全要素生产率,高质量发展要看能否实现更高速度的全要素生产率增长。我觉得中国的政府、中国的领导是非常尊重经济学的,可能没有任何一个国家的最高层政府主要文件中会把"全要素生产率"这几个字写进去。只有在中国,学者认为这个很重要,就被写进了文件。

第三,防范和化解重大风险。有了快速增长还不够,还希望这个增长可持续,而增长的可持续跟防范风险有很大的关系。

这是高质量发展的三个方面。我觉得"十四五"期间要实现高质量发展,这三个方面都需要更重视。

现在谈一下全要素生产率的变动情况。我们分析全要素生产率对于经济增长的贡献，用了一个方法叫作经济增长核算（见表 1.2）。

表 1.2　各要素对经济增长的贡献核算

经济增长核算（1978—2007 年）：各要素对 GDP 增长的贡献			
GDP	人力资本	资本产出比	全要素生产率
10.1	3.7	0.5	5.9（3.4）

想象这样一个模型（图 1.7），灰色的方块是个大车间，进入的是要素投入，出来的是产出。知道有多少投入，知道有多少产出，找一个指标来反映大车间的生产效率。投入主要看两个，一个是人力资本，一个是物质资本。人力资本的测度是看全社会有多少适龄劳动人口，这些是潜在的劳动者，另外看适龄劳动人口受教育的程度，这在一定程度上影响着劳动力的素质。教育不是影响劳动力素质的唯一因素，但这是我们能够获得相关数据的一个主要因素。所以人力资本的度量就使用全社会适龄劳动人口受教育的总年份。物质资本可以通过将过去的投资拿来做价格调整、剔除折旧，最后设法做一个加总，就能得到物质资本。

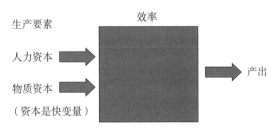

图 1.7　生产要素—效率—产出

物质资本每年都有新的投入，会增加资本的存量。虽然政府很多政策会影响投资，但企业是决定投资多少的主体，企业投资会影响最后的资本总量。企业投资时要考虑：如果投资使用的劳动力素质很高，投资得到的回报就会比较高；如果技术进步很快，全要素生产率增长速度很快，投资得到的回报也会很高。所以投资一定程度上会受到人力资本和效益的影响，反过来又会影响物质资本存量。效率在短期内很难说会有快速提升，人力资本是长期形成的，物质资本的调整则比较快。我们要看人力资本增长对 GDP 增长贡献有多大，然后看效益增长会对 GDP 增长有多大贡献。效率增长会直接带来更多产出，对于经济增长有利。间接影响是，效率提高会引导企业做更多的投资，加快资本积累，也会造成经济增长。我们把直接影响和间接影响都归结于效益因素。

测算表明，1978—2007 年的 GDP 增长了 10.1%，其中人力增长的贡献是 3.7 个百分点。1978—2007 年我们还是在享受人口红利的。每年大学入学人数从三四十万人增加到几百万人，教育有了快速的改善，这都对人力资本积累产生了贡献。全要素生产率自身的增长速度是 3.4%，其对 GDP 增长的贡献不同的人有不同的度量方法，直接影响和间接影响加起来是 5.9%。间接影响就是当全要素生产率增长时，企业会做更多资本积累，从而带来增长。剩下的则是资本产出比变化的贡献，即每产生一元人民币 GDP 所需要的资本。在经济发展初期，资本存量非常少，就会比较快地积累资本，因为资本产出比很低。到了稳态的时候，资本产出比是不变的，所以资本产出比增加对经济增长的贡献应该是零。经济不在稳态时,可以靠不断增加投资来获得增长,但我们的数据分析告诉我们这不是特别重要的一个贡献因素。

实现这样的增长有很多原因。前面提到3.7%是人力资本的贡献,人口红利在这个阶段是非常重要的因素。全要素增长率很快,一定程度是后发优势造成的,也有其他原因。其他原因有哪些?如果说人口红利的后发优势决定了增长的潜力,那我们最终是靠什么实现了这种潜力?是因为制度在不断完善,资本配置效率在不断提升,改革开放起到非常重要的作用。

让市场在资源配置中起到越来越大的作用,我觉得这个说法非常对。市场在资源配置中起越来越大的作用,增长速度就会越来越高。全国统一市场的完善,不再分割市场,这有很大的作用。企业有了更大的积极性和自主权,也有很大的作用。但是还有一点我认为需要强调,让市场在资源配置中起越来越大的作用,其前提条件是市场制度要比较完善。但是直到现在,我们的市场制度还不是尽善尽美(见表1.3)。在市场制度不是非常完善的情况下,如何实现增长呢?这是经济学特别需要回答的一个问题。传统制度经济学说,市场经济制度的完善是经济增长的前提,而中国市场经济制度在不是特别完善的情况下,依然实现快速的经济增长,这是为什么?

表1.3 中国的市场制度还不够完善,中国营商环境世行排名

	2014年		2014年
综合	96		
开办企业	158	保护小股东	98

续表

	2014年		2014年
建筑许可	185	税赋	120
获取电力	119	跨境贸易	74
注册财产	48	执行合同	19
获得信贷	73	破产	78

我们的研究给出的一个提示是，地方政府在市场制度不是很完善的时候，发挥了重要的补充作用。2014年世界银行对中国营商环境打分，一共195个经济体，我国排96名，正好在中间，并不是一个特别好的排名。我之所以举2014年的例子，是因为尽管最近几年排名有了大的改善，但直到2014年我们的营商环境还是有问题的。

开放也起到了非常重要的作用。刚才讲的是2007年之前，那段时间效率对经济增长起到特别大的作用。但是到第二段时间，即2008—2015年做经济增长核算的时候，发现增长速度降低了。如果我们相信后发优势，随着经济发展水平提高，经济增长速度自然会下降（见表1.4）。

表1.4 不同阶段的经济增长贡献核算

经济增长核算（2008—2015年）：各要素对GDP增长的贡献				
	GDP	人力资本	资本产出比	全要素生产率
1978—2007年	10.1	3.7	0.5	5.9（3.4）
2008—2015年	8.6	1	3.8	3.7（2.0）

注：2008年以来，人力资本增速明显减缓（2008—2015年期间），全要素生产率增速显著下降，投资在增长中的作用更加重要。

如果做经济增长核算会发现，这段时间经济增长的来源，三个因素的贡献已经和第一阶段很不一样了。第一阶段人力资本积累贡献3.7个百分点，第二阶段贡献1个百分点，如果再往后看，人力资本增长就会是零贡献甚至负贡献。全要素生产率的增长速度大大下降，对经济增长的贡献从5.9%降到3.7%。而资本产出比，也就是每产生1元人民币GDP所用的资本的增长速度比较快，对增长做了较大贡献。在增长理论中，如果增加了投资的力度，短期会带来经济总量的增长，因为投资会增加资本要素，带来更多的产出。但是随着投资增长，投资的回报率会不断下降，同时还有资本的折旧，未来增长速度又会受限。

靠短期刺激带来增长是有潜在缺陷的。一是随着资本积累速度过快，资本回报率会下降，这种刺激对于增长影响不可持续。二是在这样的投资拉动增长中，资源用于投资就不能用于消费，所以当投资增长速度过快的时候，消费就会受到一定的影响。2008—2015年的增长模式是不可持续的。随着经济发展水平提高，增长模式需要转变，这个转变短期来讲会对经济增长带来更大的挑战，需要做结构调整，会有阵痛，会对经济增长带来短期的负面影响。

分析统计局公布的2016—2018年的数据（见表1.5），我们发现情况稍微有所改善。尽管人力资本增长贡献变得更小了，资本产出比的贡献也变小了，但效率有所回升。如果说结构转型是重要任务，这些数字似乎表明结构转型已经在发生，并对效率产生了影响。这些关于国内的背景，第一是潜在经济增长速度在下降，第二是我们正面临经济转型，对经济效率有了更高的挑战。

表1.5 不同阶段的经济增长贡献核算，2016—2018年的变化

经济增长核算（2008—2015年）：各要素对GDP增长的贡献

	GDP	人力资本	资本产出比	全要素生产率
1978—2007年	10.1	3.7	0.5	5.9（3.4）
2008—2015年	8.6	1	3.8	3.7（2.0）
2016—2018年	6.7	0.1	1.1	5.6（3.1）

三、全球化遭遇逆流

除了国内背景，还有国际背景。用两个字概括国际背景，叫作"逆流"，全球化遭遇了逆流。全球化遭遇逆流是什么原因呢？

一是全球化几乎给所有国家都带来了好处。但是全球化给一个国家带来的好处如果没有进行合理分配，就有可能让某些人获益很多，而使另外一些人受害。如果是这样，社会阶层之间的收入差距会变得更大，人们认为收入差距加大是全球化造成的，社会阶层之间矛盾冲突就会加剧。另外还有技术的变化，如人工智能、信息技术都会在一定程度上使收入差距加大。在理想的状态下，当全球化对所有国家都带来正面影响的时候，每一个国家都能通过国内再分配政策，比较公正地分配全球化带来的收益，使所有人都获益。然而这并不是每个政府都能做到的。同样，技术的进步也可以给整

个社会带来好处，如果国内政策能够更好地分配收益，人们也会更加支持技术进步。

二是反对技术进步不容易。但反对其他国家、把其他国家说成是一个"恶棍"，甚至说其他国家造成了各种各样的灾难，则是很容易的事。所以我国面临着这样一个问题，中国成了最大的一个反对目标。因为在全球化过程中，我国所占的比重和所起的作用是非常大的。中国是有着14亿人口的经济体，1978—2007年每年平均经济增长10%，30年累积起来增大了一千多倍。后面的增长率为8%，40年增长多少倍、占全球GDP比重在这个期间扩大多少，可以想象中国经济增长对于全球带来的影响有多大。这样大的影响，在给很多国家都带来好处的同时，中国自己也获益了。由于种种原因，中国国内是相对满意的，而其他国家可能因为分配问题没有得到解决，很多人受到损害，就会有所反馈，这是个很重要的背景。

三是经济体制的差别使得其他国家认为跟我国某些企业的竞争处于一种不公平状态。

这些都是需要面对的问题。如果理性考虑这些问题，各个国家应该检讨自己的国内政策，让分配变得更加合理。中国也应该让所有企业都公平参与竞争，创造一个更好的竞争环境，世界发展应该是这样。但很难做到。

前面这些都是经济全球化所带来的问题，另外还有国际政治的影响。中美之间除了有地缘政治上的内在矛盾之外，还有意识形态的差异、经济体制的差异，这些都会使得解决问题变得更加困难。

对双边贸易平衡的聚焦从经济学来讲是完全没有道理的。比如在国际贸易中，双边贸易不平衡应该是常态。这个贸易逆差是怎么产生的呢？

根据2019年的一份报告，我们可以分析双边贸易不平衡的演变。1990年，美国制造业产品的贸易逆差有49.4%来自于日本，25.7%来自于其他4个亚洲新兴经济体，只有10%来自于中国。那时被打击对象是日本。如果把亚洲看成一个整体，各国之间分工不同，本来日本出口到美国的产品，经中国运输，就变成中国的贸易顺差。如果一个国家整体贸易维持逆差，则是和它的国内储蓄和国内投资之间的差额有关。因为美国有储备货币，享有各种各样的优势，所以储蓄率很低，其他国家愿意来美国这里投资，必然造成很大贸易逆差，这是一个不可改变的规律。只要储蓄率低于投资率，就要依赖进口资本，当进口资本的时候，就进口了产品，就形成贸易逆差。所以，美国的贸易逆差是由美国的政策造成的。至于它的贸易逆差分配到哪个国家，是由于国际分工的改变造成的。

每个国家都有自己的国家安全考量，每个国家都应该尊重其他国家的国家安全。这就是我们面临的国际环境。

国际环境比较严峻、比较困难，未来会怎样？2020年的一个变数是新冠肺炎疫情，新冠肺炎疫情到底会对经济全球化逆流产生什么样的影响，这或许还在演变的过程中，但可能会使问题变得更加严重。

"十四五"期间,我们面临这样一个特殊的严峻的局面,外部形势不确定性很大,内部需要进一步强调高质量。因此,前面预测的潜在增长速度可能需要稍向下调。

四、促进国内国际双循环

下面谈谈国内国际双循环。这个问题讨论得很多,很多企业家也特别关心双循环对于企业是不是代表大的政策变化,对于企业的影响是什么。我认为这不代表我们对外开放基本国策的改变,如果有一些其他方面的变化是对外部环境变化的合理反映。

双循环要求以国内大循环为主,这已经发生了。来看三个需求:一是消费,二是投资,三是净出口对GDP增长的贡献。净出口占GDP比重已经很低了,净出口的变化对GDP增长的影响在零左右。当然这不是特别准确的说法,即使净出口是零,我们也有大量进口和大量出口。尽管它们相互抵消,似乎没有造成新的需求,却让我国享受了比较优势。我国卖出去的产品是有比较强的生产能力的产品,而买进来的是自己生产能力比较弱的产品,这样的交换、对外循环,对我国有好处。但仅仅从需求拉动的数据上看,净出口增长占GDP增长的比例已经很小了,国内消费需求的增长对GDP增长的贡献比例为60%左右,而国内投资增长对GDP增长的贡献为40%左右。(见图1.8)

图 1.8 消费、投资和净出口对经济增长的贡献

再看各类需求占 GDP 的比重,包括居民消费、政府消费、资本形成和净出口。如图 1.9 所示,净出口曾经达到 GDP 的 9% 左右,之后逐年下降,现在仅为 1% 左右。如果说 2007 年是严重依赖出口拉动经济,之后我国的经济增长对于出口的依赖已经在逐渐减少,已经实现了以国内大循环为主。那么要更好地促进国内大循环,我们需要在哪些方面着力?

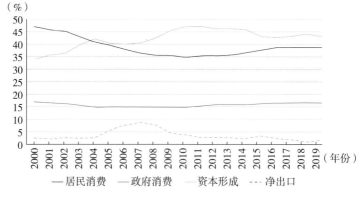

图 1.9 四类需求占 GDP 的比重

图 1.10 是居民消费占 GDP 比重在不同国家之间的比较，只包括 G20 经济体。黑色线条代表中国消费占 GDP 的比重，下面是沙特阿拉伯的比重，上面是其他国家。我国居民消费占 GDP 的比重曾经跟其他国家差不多，尽管依然是这些国家中最低的之一，但还在同一方阵里面。该比重从 2000 年开始到 2010 年在不断下降，最近几年虽稍有回升，但仍远远低于其他国家居民消费占 GDP 的比重。前面提到过，实现高质量发展需要提高居民消费占 GDP 的比重，一定程度上是来自于这样一个比较。我国需要提高的地方，就是国内大循环要让居民消费需求得到更好的满足。

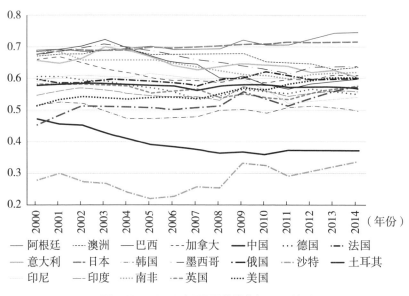

图 1.10　G20 国家居民最终消费占 GDP 比重

图 1.11 是各国的投资率比较。黑色线条代表中国的投资率。左边的国家投资率比我们高，右边都是投资率比我国低的国家。居民

消费的高低基本上跟投资率的高低正好相反，2014年中国的投资率是46.8%。G20国家的平均值是我国的一半左右，所以我国的投资率比平均值高出一倍，比我国投资率更高的经济体都不是主要的经济体。

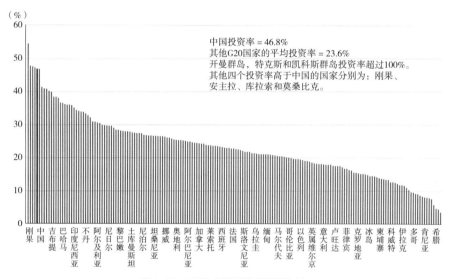

图1.11　2019年各国的投资率比较

只凭中国居民消费率比其他国家消费率低，投资率比其他国家高，还不能简单得出结论认为我国存在问题，有可能不是我国有问题，而是其他国家都有问题；不是我国的投资率太高，而是其他国家投资率都太低；不是我国居民消费率太低，而是其他国家居民消费率都太高。

如图1.12所示，我们通过研究测算了中国的投资回报水平。如果画两条直线来逼近这个曲线，可以发现，2008年之前基本接近水平，2008年之后总体投资回报率在不断下降。经济增长依靠资本产出比的不断增加，最后将是不可持续的，因为资本边际产出会不断下降，最后不可能有持续增长。有些人反对这种说法，有的反驳有道理，有的却没太多道理，尤其是不知道怎么测算投资回报率的时候，有一些反驳完全是误导。例如，有人说是因为现在更多投资的期限比较长，所以短期内看不出回报率。但我们已经做了投资期限的调整，如果投资时间很长，折旧率就低，减掉折旧率以后的净回报率和投资期限没有什么联系，所以这个反驳不是特别有道理。另外，有人说，有些投资有外部性，项目本身的回报较低，但对整体经济有价值，但我们考虑的是全国的总体投资回报率，已经包含投资对整个经济的影响。当然还有一些理论上更有挑战性的反对意见，但我还没有看到一个基于严谨科学数据分析的挑战。要得到天衣无缝的结论，需要大家一起努力，基于严谨科学创新的方法，克服数据缺乏的困难。能否做到，现在还不可知，但现在我们在现有数据和方法可以支撑的前提之下得到的尽可能科学的结论，是努力的方向。基于此，我们认为，我们的消费率太低了，投资率太高了。

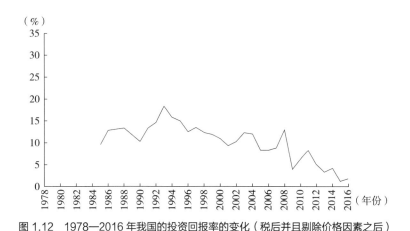

图 1.12　1978—2016 年我国的投资回报率的变化（税后并且剔除价格因素之后）

讲到国内大循环，我们要更加关注居民的消费。居民消费占GDP比重比较低，投资占GDP比重比较高，而投资所产生的回报在不断下降。所以为了实现经济高质量增长，如果希望在国内大循环中找到新的需求，应该更多考虑居民消费。

国内国际双循环要相互促进。首先要坚持开放，不仅要坚持开放，还要有更高水平的开放。尤其是随着技术的发展，开放变得更加重要。我们来看不同产业的全球产业链参与程度，高技术产业对于全球产业链的参与程度高于中技术产业，更高于低技术产业。如果我国的经济发展重点越来越多的是高新技术产业，参与全球产业链就会变得更加重要。所以开放的必要性非常大，甚至越来越重要。

在坚持开放的同时，还要重视经济的安全。不是说一定自给自足，而是有些国家的一些举措，逼着我国把本来没有充分考虑的风险因素考虑得更加充分。

促进国内国际双循环，要保持高质量的开放，同时注意经济的安全。双循环要求促进国内大循环，国内发展对于开放和安全都很重要，国内发展好了，就有更大的实力保持更高程度的开放。国内发展好了，经济安全也会得到更好保障。当我国的市场规模大了，其他国家企业在进行产业链布局时就必须考虑中国市场。我们把中国市场做好，把产业链发展做得更好，就会吸引更多产业链活动布局到中国来。所以国内发展对于坚持开放、经济安全非常重要。国内发展另一个方面就是提高创新能力，创新能力强了，经济安全就会得到更好的保障。

要保障经济安全。如果美国非要坚持一定程度上跟中国脱钩，不仅对于中国有损失，对于美国损失也会非常大。但是有一些美国政客宁愿自己遭受损失，也要伤害另外一个国家，这是国际政治中不能完全避免的情况。如果中美在一定程度上脱钩，我国应该和其他国家保持更多的交往，来寻求更大更多的利益交汇点，扩大利益交汇面。大部分国家支持一个多极化世界，支持多边主义，支持多边国际治理结构。我国也要思考自己在参与国际竞争的时候，是不是带来了一些不利于公平竞争的影响。比如说产业政策、政府补贴和国有企业管理体系，是否有利于中国的经济发展，是否有利于全球的公平竞争，这都是需要考虑的问题。

我国在坚持中国基本制度的同时，应该好好研究一下如何更好更高效地提升市场化和透明化的程度，消除其他国家的误会，改善公平竞争的条件。这不仅有利于中国和其他国家之间的经济关系，也有利于增强国内的市场活力和改善中国经济的效率。提升开放水平，让中国成为国际社会中一个可以做出更大贡献的利益相关体。

发展国内市场，不断改善国内大循环，可以对国际大循环有促进的作用。美国上海商会做了一个调查，发现有 78.2% 的美国在华企业盈利，78.6% 的企业不打算改变投资配置，这一指标比 2019 年增加了 5.1 个百分点。这说明，只要我们国内市场发展好了，就有跨国企业来寻求在华有更好的发展。

欧洲商会调查也得到类似的结果，大部分企业仍致力于扎根中国市场，因为中国市场提供了很多机会，所以它们还是会继续在中国寻求更好的发展。

面对全球化，我国要促进国内国际双循环良性发展。未来的国际局势对我国会有什么影响，也需要考虑。但是不管怎样，都要做好应对。首先要把自己的事情做好，同时还要更多参与全球治理，让全球治理更加合理。比如国际贸易治理需要改革，从乌拉圭谈判到现在经过了二十多年，没有谈成过多少全球性的贸易规则，包含关于知识产权的规则。这样一个决策机制、这样一个谈判机制是不是能够适应全球化进一步发展？我觉得是需要特别考虑的问题。

五、全面深化改革

改革有两个重点：一是需要形成长期稳定可预期、有利于发展的制度环境，二是国家治理体系包括治理能力需要不断提升。如果能够通过治理能力和治理体系现代化，减少制度中的问题，减少过多的政策摇摆，以及对政策摇摆的担忧，改变对政策摇摆的印象，我们的经济发展就会有更加坚实的制度基础。

中国经济 50 人论坛丛书
Chinese Economists 50 Forum

第二章　中国经济如何实现自身潜在增长率[1]

蔡昉[2]

---

[1] 本文根据长安讲坛第 365 期内容整理而成。
[2] 蔡昉，中国经济 50 人论坛学术委员会成员、中国社会科学院副院长。

潜在增长率就如同一个运动员潜在的运动成绩。他的体能、身体状况、过去的表现和教练团队以及训练方法等各个方面的因素，决定他应该有一个常态的运动成绩。但是他每次比赛的成绩都是不一样的，成绩是上下波动的，但通常围绕这个潜在运动成绩变化。中国经济的潜在增长率，就是我国的生产要素供给和生产率提高速度，决定了经济增长应该是什么速度。但是，现实中经济增长到底是不是与潜在增长率一致呢？不一定。有些国家的发展长期处在潜在增长率之下，意味着它没有把自己的能力发挥出来，所以我们有必要来讨论这个问题。

一、中国经济增长面临的国际背景

中国经济的发展应该有一个国际背景。国际背景有长期趋势的影响，有地缘政治因素产生的一些特殊影响，还有疫情等一些突发因素的影响。我们先看全球长期停滞这个常态下，中国面临的国际经济环境。

发生新冠肺炎疫情以来，在停工停产的时间里大家开始思考如何复苏经济。外国人比较喜欢用大写的英文字母表示对经济复苏形势的判断，大家可能听得比较多的是"V字形"复苏。"V字形"就是说经济衰退非常快，一下就掉下来了，但是见底以后会按同样的速度比较快地回到原点上，这是一种美好的愿望。现在大家认为世界经济肯定不会是这样，美国经济更不可能是这样，大概比较接近"V字形"复苏的只能是中国。

"U字形"复苏跟"V字形"差不多，但是稍微不那么乐观一点，在谷底徘徊的时间更长一些，然后再艰难地回到原点上。对有些国家来说，很可能会出现更不乐观的情景，一是"I字形"，就是只落不起，当然不可能是无限的。更多的可能是"L字形"。"L字形"下降得比较迅速，但是复原非常缓慢，慢慢往上爬，还不知道什么时候会回到原点。

最近也有"K字形"的说法。"K字形"就是说把字母分两段看，上面那段看上去像一个"V字形"复苏，但是复苏的那部分人是富人，是大企业。字母下面那段则是倒"V字形"，即还有一部分穷人，他们的工作不那么稳定，我们称其为"灵活就业"人员,在国外叫作非正规就业或零工经济(Gig)工人。这些人的工作通常在一线,别人越是要隔离在家里的时候,他们越是需要去工作。比如说医院的护士、保洁员、保安、快递员等,他们是受疫情影响最大的。美国政府实行大规模的刺激,比如美联储放出大量的货币流动性,财政政策也有巨额资金支持,放出以后常常会推动资产市场繁荣,反而富人会获益。例如,以"FAANG"(脸书、亚马逊、苹果、奈飞和谷歌的公司名首字母缩写)推动的股市高企和一些美国最大的企业家财富大幅度增长。特朗普在推特上面写道:政府给你们发了个大红包。

大多数人最容易想象的、也是最形象的描述复苏轨迹的是NIKE的商标,经济衰退跟其他字母描述得差不多,但是经济终究会恢复,只是相当缓慢,预期要很长时间才会一点点回到原点上。中国已经成功控制住了疫情,但是大部分其他国家都没有走出疫情的冲击。因此,这个时候这些英文大写字母只能是猜想而已。

最近《金融时报》有一个资深财经记者吉利安·泰特(Gillian Tett),她认为,世界经济包括美国经济的复苏,应该是"bank"形状(见图2.1)。这个形状从前半部分看像一个U字形,即经济增长大幅度降下来后,徘徊一段时间然后开始复苏,但是回不到原点上。在复苏的半路上就不再回升,回不到疫情之前的原点。因为我一直在思考复苏这个问题,现在我把这个理论借鉴来,用以说明我自己对于世界经济复苏的判断。

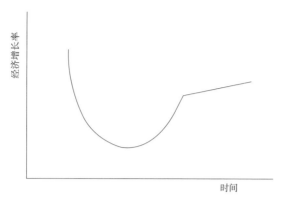

图 2.1　世界经济复苏形状

世界经济处在一个"长期停滞"（secular stagnation）的趋势中，也就是说世界经济在一个比较低的水平上增长，增速甚至还在缓慢地降低。疫情可能会把这个速度的缓慢降低变成一个更剧烈的、幅度更大的长期向下趋势。我们看经济史会发现，很多国家或者世界经济在历史上都会在一段时间显现一个长期趋势，这个长期趋势可能是一个渐变的、缓慢的过程，甚至有时候人们观察不到。但是，如果一个突发的事件突然给它一个扰动，虽然这个扰动常常是临时性的，来了还会离去，但是，那个长期趋势往往不再能够回到原点上。

比如日本，历史上曾经跟中国一样劳动力丰富，享有经济发展的人口红利。因此，20世纪50年代、60年代，甚至70年代早期，都实现了高速增长，也一度达到过接近两位数的增长速度。但是从70年代后期开始，日本的劳动力逐渐开始短缺了，人口红利开始缓慢地消失，潜在增长能力也逐渐减弱，如同一个运动员越过了最佳年龄。本来日本经济增长率可以慢慢降下来，但是由于看到增长率的下降趋势，采取了一些不正确的刺激政策，宽松的货币政策，扩张性的财政政策，刺激性的产业政策和区域政策，导致日本经济进入一个泡沫时期。投放的大量货币到处流动，常常流动不到实体经济部门，而是流动到股市和房地产上，因此推起了 20 世纪 80 年代日本经济泡沫的高潮。到了 80 年代末泡沫终于破灭，泡沫破灭之后，经济能不能回到原点上呢？结果证明：日本经济增长率长期下降的趋势，在泡沫破灭之后仍在继续。从 20 世纪 90 年代之后，日本经济就进入到"失去的十年"，后来又说"失去的二十年"，现在则进入"失去的三十年"。从 1990 年到现在这么多年算起来，日本每年 GDP 增长率充其量是 1%。这次疫情对于世界经济的冲击可能也是这样，把长期停滞的趋势进一步加快，因此形成了"bank"形状复苏。

讲到这里，我们应该回过头来看什么叫长期停滞。解释长期停滞需要借助一点经济史和经济学史的知识，应该回溯到四个重要的代表人物。第一个代表性人物是马尔萨斯。马尔萨斯假设，人口以几何级数增长，人们生产出来给自己消费，养活自己的生活资料。只能以算术级数增长，所以几何级数增长的人口最后就没有饭吃了，只能通过战争、瘟疫、灾难、贫困等，把人口数量强制地减下来，回到人口与生活资料的均衡上，接下来人们又开始生育促进了人口增长。因此马尔萨斯认为，是人口过快增长导致经济不能增长。

第二个代表性人物是凯恩斯。他认为技术进步可以解决人口问题。所以大家都认为马尔萨斯是说错了。但是，凯恩斯从马尔萨斯的方法论和分析逻辑中，一方面可以看到，由于贫困难以积累起足够的资本，因而摆脱不了贫困陷阱，这是供给侧的分析方法，这是生产函数或增长核算分析，在学术史中人们也是这么认为的。凯恩斯强调说，马尔萨斯的方法还有另一个分析侧面是需求侧。按上述马尔萨斯同样的逻辑也可以反过来说，人口增长停滞也会导致总消费不足，虽然消费不足情况下仍然可能会有储蓄，但是如果投资需求也不足，储蓄了多少钱都是没有用的。所以，凯恩斯是反其道而行之，他认为马尔萨斯认为人口增长太快的时候是把人口看作一个魔鬼，同时他认为还有第二个马尔萨斯魔鬼，人口停滞会导致另一个魔鬼即失业。第一个马尔萨斯魔鬼是人们吃不饱肚子，是贫困和饥饿，而第二个马尔萨斯魔鬼则是就业不足。这里讲的就业不足不光是劳动要素的就业不足，还包括资本的过剩，资本过剩价格就会降低，也就是形成长期的低利率。这是凯恩斯的分析。

凯恩斯在这个问题上只做了一次这样的分析，回答了我关于为什么凯恩斯如此看重马尔萨斯的疑问。也就是说，其实凯恩斯学说里面包含着长期经济增长理论，而且比其他长期经济增长理论更先进，因为其中既有供给侧的分析，也有需求侧的分析。凯恩斯只在1937年提出了这样一个问题，就是人口增长停滞会带来需求不足，给经济带来灾难性结果，或许因为当时听课的都是优生学家，所以并没有引起经济学界的注意。

第三个代表性人物是汉森。1938年在美国，人们称之为"美国凯恩斯"的汉森，也在一个会上做了一个报告，这个报告终于引起了人们的注意。因为听报告的人不是优生学家，而是美国最好的经济学家。当时汉森当选美国经济学会会长，他在会长演讲中讲到凯恩斯的道理，说现在发达国家都出现了人口增长停滞的现象，因此导致投资需求不足，这时候储蓄多高也没有用。为什么会储蓄太高呢？因为收入分配不平等，富人有钱可以消费，但是富人的钱太多了，不可能把所有钱都消费掉。穷人很想消费，但是没有足够的钱来消费，因此总体上来看结果是储蓄不能转换成投资，最终带来经济的长期停滞。"长期停滞"这个术语是汉森提出来的。但是，在这个著名的演讲之后，大约在几十年中都没有出现所谓的长期停滞。更确切地说，直到2008—2009年的金融危机之后，才有人注意到，其实美国已经开始了长期停滞。美国是这样，其他发达国家也是这样，因此世界经济也便处于长期停滞。

第四个代表性人物叫萨默斯。他曾经担任美国财政部长，卸任后担任美国哈佛大学校长。他借用汉森发明的长期停滞这个概念，形容当前的美国经济和世界经济常态。需要问一问，为什么从1937年的凯恩斯演讲和1938年汉森演讲，一直到21世纪第二个十年，才又有了萨默斯开始再提长期停滞。为什么中间隔了这么多年？

凯恩斯认为，如果能够改善收入分配，把富人的钱转到穷人手里，后者就能够消费，需求就能得到满足。愿意消费就意味着产品有人买，就不会使经济增长没有出口，因此消费是关键。汉森也是这么认为的。但是，凯恩斯和汉森都认为在资本主义社会这可能做不到，因为在政治上就做不到。特别是汉森认为美国是一个崇尚自由主义的社会，不可能通过政府干预大幅度改善收入分配。汉森没有信心改变这种格局，所以他觉得会出现长期停滞。然而事实上，在他们做演讲的时候，英国和美国都在各自发生着一些事件，这些事件后来深刻地影响到这两个国家。在美国，罗斯福为了刺激大萧条之后的美国经济，实施了所谓"罗斯福新政"，开始大规模建设公共工程，国家投资建立田纳西水利枢纽工程、胡佛大坝等，或许是接受了凯恩斯的建议，或许是不谋而合。但是罗斯福新政真正留下来的、影响更深远的、最终导致美国没有出现长期停滞的是罗斯福新政中的社会保障制度建设。当时美国提出了《社会保障法》和一系列的有关政策，事实上改善了收入分配，原来认为做不到的事情，罗斯福以及以后的美国总统做到了。

与此同时在英国，经济学家贝弗里奇则带领一个团队，花了一年多时间和国家给的4 000多英镑，于1941年提出了所谓的《贝弗里奇报告》。这个报告奠定了社会保障的理论基础，制定了英国社会保障体系建设的路线图甚至还有时间表。在这之后的20世纪40年代后期，整个英国社会保障体系基本建成。他们宣布英国成为福利国家，形成了从摇篮到坟墓的完全福利保障。同时也改善了收入分配，打破了没有投资需求同时又消费不足、储蓄的资金不能转化为投资的恶性循环。因此，在很长时间里，美国和英国都没有出现长期停滞。

除了建立社会保障体系之外，这两个国家还实行了一系列有利于普通家庭特别是低收入群体生活水平改善的政策。比如在美国，从20世纪40年代开始，中产阶级开始形成并扩大。

二战结束以后，大批的士兵回到美国，就像农民工涌进城里一样，有人预期可能导致大规模失业。这时美国出台了一个《退伍军人权益保障法》，其中一条是所有退伍军人都有权利拿国家补贴去读书。有条件的可以去读大学，学历不够的至少可以读高中。结果这一批人成为后来的中产阶级的主体。在二战之前，美国社会是一个非常不公平的社会，重要的岗位、体面的职业、较高收入的工作，比如律师、医生和一些中产阶级的岗位只能是白人、男性从事，女性不允许进入，有色人种也不允许进入。但是，二战之后这些职业和岗位逐渐就开放了，因此人力资源得到有效配置，更多人纷纷涌入中产阶级的行列，这个阶层的规模相应扩大。正是这些措施，使得汉森所担心的长期停滞至少30年没有发生。

到了20世纪70年代末，开始出现一些不同的思潮，80年代初保守政治家上台，美国是罗纳德·里根，英国是玛格丽特·撒切尔，这两个人关系非同寻常，是非常密切的国内政治和国际政治盟友。他们的一个共同理念是接受了新自由主义经济学，把过去有利于中产阶级的一系列做法都中断或者有的干脆放弃。

20世纪80年代，里根政府大力推行减税政策。新自由主义经济政策，在英国以私有化为代表，在美国则以减税为代表。在美国，减税不是减老百姓的税，减税的利益被大企业家得到，大家争论减税对于老百姓有什么意义？所以他们就发明了一个理论，叫作"涓流经济学"，意思是说减税给大企业带来的收入增长，终将通过种种通道流到穷人手里。

特朗普政府施政后，在很多经济政策上继承了里根的衣钵，特别是推动减税这一条。也就是说这两位总统的政策是一脉相承的，笃信涓流经济学。问题是给富人减税，富人得到的好处会不会最终涓流到穷人的腰包里呢？当然不会，所以美国出现了越来越严重的两极分化，中产阶级也在萎缩。美国解决不了自己的问题，自然将责任推卸给中国。

现在的长期停滞还是由于人口问题，人口问题表现为老龄化，因为老龄化也意味着人口增长的减慢。随着人口增长速度放缓乃至绝对数量的减少，消费总量必然放缓甚至减少。而且无论发达国家还是发展中国家，都有经验显示，人的年龄越大消费越少，这个趋势导致了消费需求不足。与此同时，很多国家，包括美国和英国，都出现了越来越严重的收入差距扩大的现象，又回到了凯恩斯和汉森的时代，那个时候他们的担忧终于出现了。

当今世界，高收入国家在迅速老龄化，中等偏上收入国家也在迅速老龄化，如果把最不发达国家也考虑进来，那么从今以后，连最不发达国家也在加速老龄化。这是一个共同的趋势，相应地导致总需求不足和储蓄过剩。世界银行副行长兼首席经济学家莱因哈特提出了过度储蓄（saving glut）的概念。过度储蓄意味着资本供大于求，因此长期利率便是下行的，或者叫自然利率低且处于下行趋势。因此，长期停滞便有三个特征：一是低通货膨胀率，美国是这样，欧洲是这样，日本是这样，其实中国也是这样；二是低长期自然利率，我国的利率其实也很低，但是不那么严重，日本几乎是负的，欧洲在这场疫情中也变成负的，美国几乎就是零；三是低增长率。世界经济的趋势就是这样，我们把它叫作长期停滞，这也是我们面临的世界经济形势。在这个世界经济发展趋势中，人口起到了一定的作用。前面说的老龄化是一个长期的影响,它影响到各个国家,影响有大有小,但不管怎么说,都导致了长期停滞这样一种经济发展状况。正如图2.2所示,世界人口增长率和GDP增长率同时长期向下的趋势。

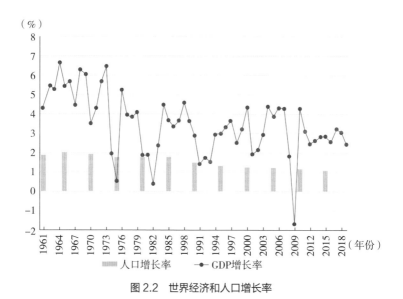

图2.2 世界经济和人口增长率

我们可以来看一些人口变化比较极端的国家。因为世界上国家太多,为了简单一些,我把人口在100万以下的国家从数据中剔除。在人口100万以上的国家中,我们发现有20个国家的人口已经进入负增长,就是说人口绝对减少了。这样的国家有哪些呢?第一,是苏联和东欧国家,它们曾经实行计划经济,在转型以后的1990年前后就经历了人口负增长。因为当时它们的经济状况非常糟,人们对于未来预期不好,因此不愿意生孩子。此外,人口不仅没有增量还减少了存量,不少人自杀,导致死亡率大幅度提高。后来虽然经济慢慢恢复起来，人口也有所恢复，但是从此一蹶不振，因此排在前 20 位的人口负增长国家有很多是这些国家。第二，是那些经济状况非常不好，导致人口外流，少数还是战乱国家。第三，是市场经济国家，总体上社会是比较稳定的，没有特别的外部冲击，纯粹是自身的因素，即人口转变因素的影响。有四个国家最为典型，分别是葡萄牙、日本、希腊、意大利。这四个国家都是高收入国家，其中日本和意大利是高收入国家中收入相对较高的，希腊和葡萄牙是高收入国家中相对穷一些的国家。这四个国家都是高收入国家中人口增长表现最不好的国家。

从图 2.3 可以看出，深灰色曲线是人口增长率，长期都是下降的，和人口下降一致的是经济下降趋势，就是经济增长减速。此外，跟经济增长率几乎同步下降的是消费增长率。可见，消费增长的减速甚至停滞，就引出了第二个马尔萨斯魔鬼，相应地导致经济增长的长期停滞。最终的关系就是人口的停滞导致经济增长的停滞。这是我们观察到的第一个现象。

从图 2.3 也可以看出，人口增长率是长期减速的，比如从过去 1% 的正增长变成 1‰ 的正增长，然后逐渐降低到接近于零，零增长之后就是负增长，就是说人口从正增长到负增长。在这个转折期间，四个国家都出现了经济大幅度衰退的现象。虽然经济增长此前也在逐年减慢，但是毕竟从正到负是一个大的转折点，是一个符号性的变化，根本性的转折，因此对于经济增长产生了一个冲击性的干扰。

第二章 中国经济如何实现自身潜在增长率

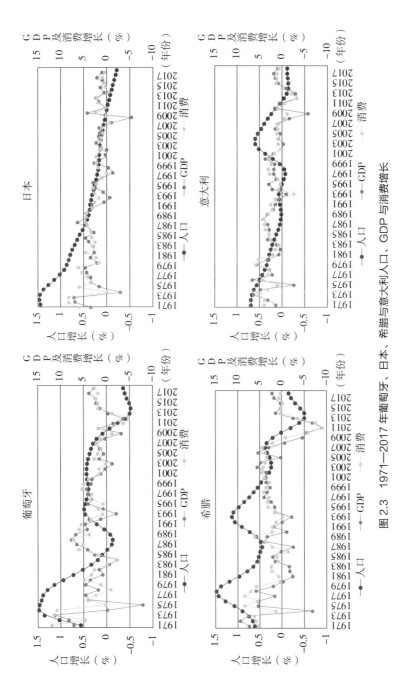

图 2.3 1971—2017 年葡萄牙、日本、希腊与意大利人口、GDP 与消费增长

许多经济学家分析，长期停滞的一个最典型现象是低利率，而低利率的原因就是储蓄大于投资。由于收入分配不平等，富人把钱都储存起来，没有产生足够的消费需求，穷人有需求而缺乏足够的收入，所以总消费需求不足，同时经济增长速度下降也导致投资率下降，因此造成储蓄过剩。在这四个国家人口从正增长转到负增长之前，储蓄和投资关系没有确定的规律，但是人口一旦进入到负增长，四个国家全部出现了储蓄大于投资的趋势，这个表现非常明显。我们固然还需要做一些更加精确的计量分析来检验，但是，整个世界的人口变化趋势造成了过度储蓄和经济长期停滞，这是一个很明显的事实。

这就是我国面临的国际经济形势和背景。还有一些短期的、冲击性的影响，比如新冠肺炎疫情之后的世界经济会是什么样。一两年之内很可能许多国家和全球经济难以复苏，甚至是负增长，我国的国际合作空间相应会被压缩。我们先来看一看世界经济的合作格局或者说经济全球化趋势到底将会是什么样的。我们先回到一个理论问题上。说起李嘉图，大家能够想到的是比较优势理论，李嘉图认为由于每个国家都有各自的比较优势，决定了要进行国际贸易，而且所有参与贸易的国家都能够获益。比较优势是什么呢？生产要使用不同的生产要素，如资本、劳动、土地等。先谈资本和劳动，经济落后一些的国家劳动力更丰富，可以生产更多劳动密集型产品，去交换来自发达国家的资本密集型产品。劳动力使用得更充分一些，工资就能够较快增长。发达国家把资本密集型产品卖给发展中国家，也能获益，由于发达国家资本过剩，因此它的资本密集型产品出口到发展中国家，资本获益也就更充分。

但是1990年之前的世界，并不是按照李嘉图的模式进行国际贸易的，因为那时世界分裂成社会主义阵营对资本主义阵营，即东西对立。此外，还有南北对立，就是发展中国家和发达国家也很少进行贸易。因为二战之后，在形成两大阵营的同时，很多发展中国家摆脱了殖民统治。例如，在拉美国家形成了一种激进发展经济学，比如"中心—外围"理论等，要从贸易上和发达国家脱钩。因此，当时所谓的世界贸易，多数情况下是发达的市场经济国家之间进行贸易。它们的资源禀赋彼此都差不多，相互进行贸易似乎违背了李嘉图的比较优势理论。因此那个时期出现了一些新贸易理论，比如克鲁格曼解释说，这些国家之间交换的是规模经济的差异。不管怎么说，1990年之前国际贸易不是基于李嘉图的比较优势理论。

在进行经济改革的同时，中国也开始了对外开放，1986年提出申请加入世界关贸协定，同时也扩大对外出口和引进外资。1990年前后苏联和东欧发生剧变，经济上也开始拥抱世界，所有转向市场经济的国家都开始面向经济全球化，参与到国际分工中。所以有人说那个时候全世界一下子多出来了3亿~4亿廉价劳动力，真正开始了一部分国家用自己丰富廉价的劳动力生产出劳动密集型产品，去交换发达国家的资本密集型产品，这就使国际贸易回归了李嘉图模式。

世界贸易回归李嘉图模式产生了一个很好的结果，就是我国的劳动力得到更充分的利用，劳动参与率提高了，劳动者的收入获得提高，各个阶层都从中获益。但是在美国这样的发达国家，跨国公司和资本所有者固然赚得盆满钵满，但是人们发现里根总统笃信的涓流效应并没有发生。也就是说富人赚到的钱不会自然而然滴流到穷人的手里。与此同时，许多劳动者还由于产业转移和自动化而丢掉了工作。美国出现了制造业萎缩、实体经济萎缩和中产阶级萎缩的现象，人民产生了很强烈的不满。这种问题不能从根本上得到解决，于是美国就滋生出一种所谓的宏观经济民粹主义，就是说把民粹主义凝结在宏观经济政策中。因为美国人的自由主义深入骨髓，不能让政府太强，政府做事太多了被人称作社会主义，因此再分配和社会保障不足。美国政府也尝试了一些办法，例如，美国梦就是拥有一套住房，如果穷人买不起则可以分期付款。但是银行家不愿意给还不起贷款的穷人分期付款。金融学家便创造了金融衍生工具，把还不起的贷款打包成金融衍生产品，把风险分散给其他人，由此大规模地刺激起房地产泡沫，甚至让那些最贫穷、最没有偿债能力的人也能用贷款买房，结果酝酿出了次贷危机，导致了全球金融危机。

经历这场危机之后，还是没有解决两极分化的问题，直到美国意外选出特朗普作为总统，英国公民投票脱欧。这一切都是从民粹主义开始，转化为民族主义，以单边主义和逆全球化行动告终。因此，世界形成一个逆全球化的长期趋势。

国际贸易回归李嘉图模式以后，随后又出现了一个超越李嘉图模式的新现象。李嘉图举例说明的时候，说葡萄牙人可以生产葡萄酒和毛呢，法国也可以生产这两种产品，假设两个国家生产这两种产品分别使用两种要素，即资本和劳动，竞争最后在于各自发挥比较优势，只需生产其中一种产品。所以两个国家进行贸易，交换的是产品，产品里面凝结着不同强度的生产要素。我们说"超越李嘉图"是指人们发现现在贸易的对象不仅是传统意义上的要素了，而是产品中的一个工艺，一个组件，等等。诺贝尔奖获得者斯宾塞说，如今没有一个国家可以说拥有生产苹果手机的比较优势。任何国家参与到这个供应链中，只是具有生产苹果手机的一个部件或者一个组成部分的比较优势。因此，过去的产品贸易变成了如今的价值链贸易，这就再次超越了李嘉图模式。

疫情之后，美国等国过去的问题没有得到解决，还滋生了一些新的问题。

二、中国经济增长面临的国内因素

以上说的都是外部的因素。我国自身的经济发展阶段也发生了一个根本性的变化。如果说外部环境变化的核心是世界经济的长期停滞，那么中国本身变化的根源是未富先老。事实上所有国家的人口都在变老，整个世界的趋势都如此。但是中国的特殊之处在于，相对于经济发展阶段来说，中国的人口老得更快，老龄化的程度更深。从人口金字塔图就能一眼看清楚这个特点。图2.4的右边是不含中国数据的其他发展中国家，它们表现出人口底座较大，孩子和年轻人比较多。中国也是发展中国家，但是和其他国家相比，我国的人口已经更像一个橄榄形状，意味着孩子越来越少，老年人口比重越来越高，这就是未富先老，而且这个趋势还在加快。

我们也看到了人口增长速度越来越慢，接下来可能会发生一些新的变化。我们说是"一个趋势""两个转折点"。一个趋势就是老龄化，但是在整个老龄化的过程中，会以两个转折点表现出来，而这两个转折点都影响巨大。第一个转折点已经发生了，就是劳动年龄人口由正增长转为负增长，转折点是 2010 年。在 2010 年前后开始出现劳动力短缺，比较优势就开始丧失，制造业占 GDP 比重在下降，我们对外贸易依存度也在下降，一下子都表现出来了。一个最综合的表现就是从 2012 年开始，经济增长速度逐年下行。

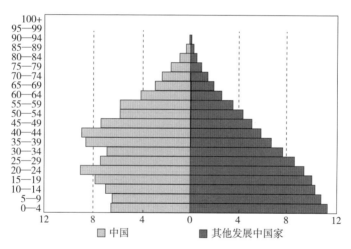

图 2.4　中国与其他发展中国家老龄化趋势

经济增长率为什么会下降？第一个因素是劳动年龄人口不再增长，就意味着劳动力短缺和工资上涨。经济学家做生产函数第一个就要加入劳动力数量这个变量。第二个因素是劳动力的质量即人力资本。以前，新成长劳动力不断涌现的过程，意味着中国总的人力资本得到迅速的提高和改善。在劳动年龄人口负增长、新成长劳动力越来越少的情况下，改善人力资本的速度也就放慢了。第三个因素是劳动力短缺之后就要用资本和机器来替代人。如果替代太快，就导致资本报酬递减，不能带来相应的资本回报率。第四个因素是由于没有那么多农村劳动力可以转移了，资源重新配置带来的生产率提高也就放慢了。所有这些都会导致潜在增长率下降，实际增长速度相应下行。所以，第一个人口转折点带来的是供给侧的冲击。

第二个人口转折点预计在2025年~2030年发生。这是联合国的官方预测。在2015年时，联合国做过一个预测，预测结果是中国的人口峰值为2025年，大概14亿人口多一点，之后就是人口的负增长。这个预测每年都修改，最新一次修改是2019年，预测到2030年中国人口才达到峰值，可以达到14.6亿。到底该信哪一个预测呢？我想有几个原因可以帮助我们选择一个更接近实际情况的预测。

第一个原因是联合国为什么修改它的预测。联合国人口统计学家在说明中表示，这些预测都依据各个国家最新数据和官方最新判断。2014年中国实行了单独"二孩"政策，2016年实行全面"二孩"政策，我国预测总和生育率会显著提高，人口出生数量会很快恢复，对政策的效果信心满满，也把这种情绪传递给了联合国统计学家，后者就把这些信息体现到了预测之中。也就是说，联合国接受的都是我国提供的数据、我国传递的情绪和我国作出的判断。在这之前它在没有受这些判断影响的情况下作出了2015年的预测，因此我们说这个预测更可靠一些。如果我们相信2015年联合国的预测就可以预期在五年之后，中国就会转向人口负增长。

但是不管怎么说，2025年～2030年这个情形一定会发生。正如前面讲到的凯恩斯、汉森、萨默斯作出的分析，这个人口转折点会从需求侧带来对经济增长的冲击。我们完全可以预测出现这个冲击。

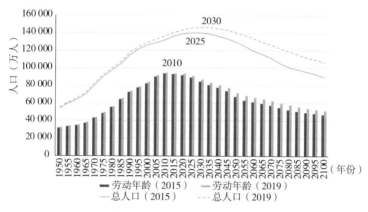

图2.5　1950—2100年劳动年龄与总人口发展趋势

针对人口出现的第一次变化，即劳动年龄人口负增长，我们对潜在增长率的下降做了预测。如图2.6所示，潜在增长率从2010年之后逐渐下降，与之相伴的是实际增长率的下降。现在数据都出来了，我们的预测与实际结果完全一致，证明随着潜在增长率下降，实际增长率通常就应该下降。由于过去这些年需求没有发生问题，我们的实际增长达到了自己的潜在增长能力，这是一件好事。但是，未来我们的需求允许不允许实际增长达到潜在增长能力呢？这并不会自然而然发生，因为我们预测到，中国将要面临的下一个人口转折点，会产生需求侧冲击。

历史上有没有哪个国家长期实际增长不能达到自己的潜在增长能力呢？日本可以作为一个参考。我们查了日本的统计资料后发现，日本在人口红利消失以后,政府就开始刺激经济增长,结果导致了一个房地产和股市泡沫,实际增长率一度高于潜在增长率。实际增长率与潜在增长率之间的差别叫产出缺口或增长率缺口。潜在增长率是理论上测算出来的、通过模型估算出来的,实际增长率是实际发生的。实际增长率减潜在增长率,如果是正的,就说明实际增长率超过了潜在增长率,增长率缺口为正;如果是负的,就说明实际增长率还没有达到潜在增长率,增长率缺口为负。

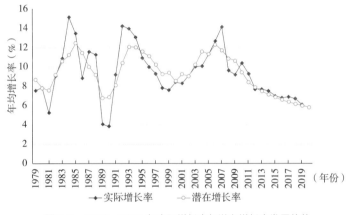

图 2.6　1979—2019 年实际增长率与潜在增长率发展趋势

日本进行经济刺激,到 20 世纪 90 年代前后实际增长率曾经超过了潜在增长率,但是恰恰因为大幅度的超过,带来了不可持续,最后泡沫破灭。泡沫破灭的 1992 年、1993 年之后,日本央行给出的绝大多数数据,基本上都是负值。说明经济的实际增长速度低于能力,有能力但是未能达到。经济增长的能力是多少呢?大概不到 1%,就是说它的潜在增长率不到 1%,但是多数情况下达不到潜在增长率。

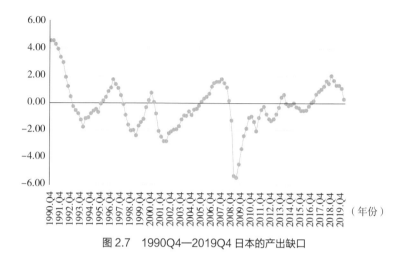

图 2.7　1990Q4—2019Q4 日本的产出缺口

恰恰在这期间，日本人口的增长速度越来越慢，老龄化程度越来越高。2010 年前后日本人口进入负增长，到现在已经连续了 10 年的负增长，这就是日本的情况。中国的这种可能性是存在的，对于我国来说也是一个重要的警示。世界银行对各国有几种分组方法，大家比较熟悉的是收入分组，国家分别被归结到低收入、中等偏下收入、中等偏上收入、高收入四个组中。大体上来说，低收入国家人均 GDP 是 1 000 美元以下，中等偏下国家人均收入是 1 000~4 000 美元，中等偏上收入国家是人均收入 4 000~12 000 美元，12 000 美元以上是高收入国家。还有另一种分组方法是按人口转变阶段，采用了人口红利的概念，其中有一类国家叫作前人口红利阶段国家，就是现在还在较高生育率阶段，人口负担重；有些国家已经开始获得人口红利，叫作早期人口红利阶段国家；再之后就是那些人口红利已经到了后期的国家，叫作晚期人口红利阶段国家。世界银行把中国列入这个阶段，但是我个人认为，中国可能比这个阶段还晚一些。还有一个叫作后人口红利阶段国家,就是没有人口红利可以利用了。

在图 2.8 中我把这两个分组中的国家对应起来,大家可以看到,后人口红利基本对应高收入国家,晚期人口红利对应中等偏上收入国家,早期人口红利对应中等偏下收入国家,前人口红利对应低收入国家。这从一个侧面说明,人口发展处在什么阶段就反映一个国家处在什么样的经济发展阶段。中国人口增长率已经向零趋近了,说明我们的经济发展也到了一个非常特殊的阶段,必须要应对相应的挑战。这里所谓应对意味着,在第一个人口转折点之后我们侧重解决供给侧的问题,要提高劳动生产率与全要素生产率,达到提高潜在增长率的目的。这些问题现在还要关注,但是又增加一个新的任务,也就是面临着双重挑战,需求侧的问题也需要予以关注。我们要解决需求"三套车"的问题。我用"三套车"而不是"三驾马车",用意在于强调这里用作比喻的是一驾马车,分别由一匹马驾辕、两匹马拉套,而不是三驾马车并驾齐驱。我们来逐一看看这"三套车"代表的三种需求因素发生了什么样的变化。

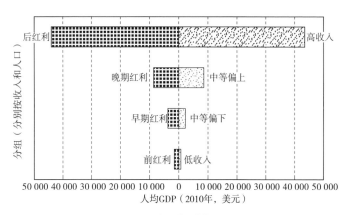

图 2.8 人口红利与对应不同收入

首先,外需仍然很重要。2019年外需在GDP中的贡献率只有7%,就是说如果把GDP增长率作为整体的话,只有7%来自外需贡献,这似乎太小了。其实,过去10年平均下来则更低,基本为零。很多人觉得这很难理解,我们出口究竟是为了什么呢?追求一个零或负的经济增长贡献?这还会导致一个错误的政策建议,外需不就是出口减去进口即净出口吗?如果不进口了,那外需贡献不是一下就可以得到提高了?这叫重商主义政策,好像也很不合逻辑。有学者做测算,认为真实的外需贡献不是零或者负。在1995年~2011年,在国家统计局显示外需贡献率只有2.5%的情况下,他们估算出的贡献率大概是22%。且不管这个测算有多可靠或者精准度如何,至少说明外需贡献仍然是显著且重要的。

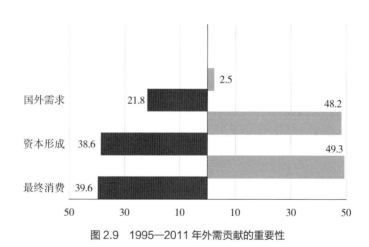

图2.9 1995—2011年外需贡献的重要性

这就是说,还不能轻易地放弃外需。国际贸易中出现超越李嘉图模式的趋势意思是产品贸易转化为价值链贸易,并且中国在全球价值链当中有了特殊的地位。所以,我国要进一步提高自己的价值链比较优势。过去我国在生产某些产品的要素比较优势，但是劳动力的比较优势消失了，而且一去不复返。现在我国在价值链中的比较优势体现在各个层面和环节，有些在资本要素上，有些在劳动要素上，还有一些是在不同层次的技术环节上，我们要发挥综合的价值链比较优势。

其次，我们的预期是，虽然目前投资需求对经济增长的贡献不小，但是长期看不会有大的提高潜力，还将趋向于逐渐下降。从全球比较来看，中国的投资率大幅度高于所有的其他国家和地区。这意味着长期与其他国家的模式不一样，不可避免会产生一个趋同的趋势，即中国投资率相对下降。此外，中国的经济增长未来是长期下降的，对资本需求确实有所下降，因此经济增长的回归均值趋势，也会导致投资率的回归均值趋势。进一步来看，要转变经济发展方式，即不能过分依靠投资拉动经济，因为这是不均衡、不协调、不可持续的。因此就要降低经济增长对于投资的依赖。虽然投资需求还要寻找新的增长点，但是它的提高潜力确实相对小一些。

真正有潜力的是消费需求，消费率是最终消费占 GDP 的比重，中国低于所有的主要经济体。这意味着我国有巨大的潜力，向国际水平靠近就意味着大幅度提高消费率。在最终消费中，有 30% 是政府消费，只有 70% 是居民消费，因此扩大居民消费也有潜力。在居民消费中大概有 78% 是城市居民消费，22% 是农村居民的消费。农村人口占全部人口比重近 40%，然而只贡献了 22% 的消费，说明潜力也是巨大的。因此我国要把重点放在农村居民身上，提高他们的收入，扩大他们的消费。

三、对中国经济增长的政策建议

第一个是提高居民收入。提高居民消费最重要的是促进收入增长，收入增长的关键是居民收入的增长要和国民经济的增长保持同步。长期以来这两者大体上是保持同步的，但是幅度很不一样。过去很多年里，我国的 GDP 增长都超前于居民收入增长。党的十八大以来，大家可以明显看到居民收入跑赢了 GDP，而居民收入中农村居民收入增长也快于城镇居民的收入，说明收入分配状况有所改善。如果 2020 年中国 GDP 增长速度能够达到 2%—3%，收入增长能达到 1.9%，到年底我们就可以实现在 2010 年基础上城乡居民收入翻番的目标（见图 2.10）。

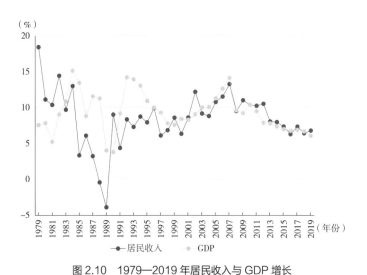

图 2.10　1979—2019 年居民收入与 GDP 增长

第二个是缩小收入差距。收入差距太大不利于扩大消费。经过这么多年，我国的收入差距还没有根本性地缩减下来。虽然现在全社会每个群体的收入都得到改善，但是增长速度确实不一样，收入差距还是很大。收入分配等相关制度改革仍有诸多空间，如户籍制度改革农民工成为城里人，推动劳动力市场制度建设等，诸如此类的改革措施还有很多（见图2.11）。

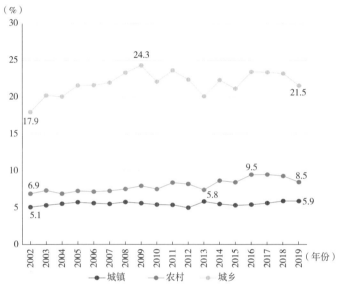

图2.11　2002—2019年城镇、农村与城乡居民收入增长

国际经验表明，经济发展中不存在"涓流经济学"，也就是说劳动力市场一次分配不可能根本改善收入分配状况，因此，合理进行制度安排和政府再分配不可避免。我们在图2.12中以横坐标代表国家，国家排列方法是按照人均GDP从穷到富来排。再看这些国家的基尼系数，也就是收入差距，在低收入、中等偏下收入和中等偏上收入国家，基尼系数比较高，多数情况下超过了0.4，总体上是收入差距比较大的国家。但是到了高收入国家这个区间，基尼系

数降下来了。过去尝试解释为什么高收入国家收入分配比较均等，学者们做了很多讨论。现在终于明白，之所以国家一旦进入到高收入阶段，基尼系数就下降了，是因为政府进行再分配。例如，经济合作与发展组织（OECD）国家在再分配之后，也就是通过税收和转移支付的调整，基尼系数全都降下来了，降幅高达35%。所以，市场不能彻底解决分配的公平问题，最终必须靠国家的再分配。

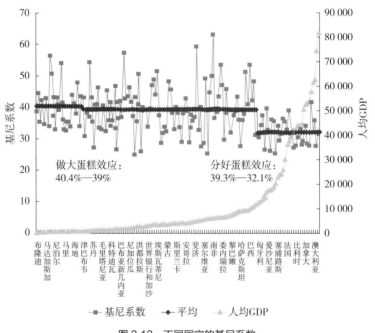

图 2.12　不同国家的基尼系数

第三，公平和效率之间并非具有非此即彼或此消彼长的关系。观察图2.13中的横坐标社会支出占GDP比例（即政府再分配的力度）与纵坐标劳均GDP（即劳动生产率）两者之间的关系，是显著正相关的。也就是说国家再分配力度越大，劳动生产率越高。

过去认为过多再分配是政府养懒汉，事实证明并非如此。在一个特定发展阶段，我国收获人口红利，提高生产率相对容易，我把这叫作疾风骤雨式的生产率提高阶段。因为农业劳动力转移出来就意味着生产率的提高。一个人在农业中能创造的产值是有限的，只要转移到了非农产业，创造的产值一定比在农业中要高，就会提高整体劳动生产率，也提高全要素生产率，这叫作资源重新配置效应。当劳动力没有那么多可供暴风骤雨式地进行转移后，劳动生产率靠什么提高呢？

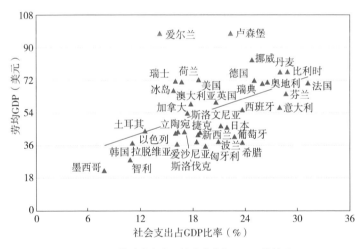

图2.13　劳动生产率、社会支出与GDP的关系

我国恰恰是在进入高质量发展、需要靠提高生产率实现增长的阶段，原来的生产率源泉却没有了。其实，我们仍然要靠资源的重新配置，但是主要不再是在三次产业之间进行，而是在每一个企业之间。必须要让那些生产率低的企业退出，把资源转到生产率高的企业中，叫作"创造性破坏"。熊彼特讲创造性破坏是提高

生产率的必要途径，也就是创新的过程。但是谁都不喜欢创造性破坏，因为工人担心丢了工作，企业担心在竞争中被淘汰，政府也不愿意看到竞争造成大规模失业。要保证没有失业、不被淘汰，才欢迎创造性破坏。但是，能保证不被淘汰就不叫创造性破坏了。企业被淘汰了，工人就会失业。因此大家乐得规避竞争，都用自己的说法去争取获得保护，最终保护的是落后。这种现象在所有的国家都存在，企业特别是具有较强谈判地位的大企业都去争夺政府的立法，以便规避竞争，争取保护和补贴。

但是，在诸如瑞典这样的一些国家，政府采取了不同的办法。政府既不保护企业，甚至也不保护岗位，但是把人保护起来。保护人就意味着在社会层面用社会保障的方式进行保护。因此，我们就看到了这样的关系：政府再分配力度越大，对人的保护越充分，就越是没有借口保护落后的企业和岗位，越可以充分拥抱创造性破坏，生产率反而得到提高。可见，效率和公平是可以统一的。中国再分配的特色方式是基本公共服务均等化水平的不断提高。

自国际金融危机以来，世界经济基本态势可以用长期停滞来描述，新冠肺炎疫情之后这个趋势将持续，构成不利于我国发展的外部环境。疫情之后各国发展内顾倾向和某些国家的恶意脱钩，更为我国设置了险恶的外部环境。我国自身的未富先老，特别是面临的下一个人口转折点，也都构成我国发展过程中面临的种种挑战。一方面，供给侧面临着潜在增长率长期降低的趋势，另一方面，需求侧也逐渐构成发展的制约。因此，我国需要加快构建以国内大循环为主体、国内国际双循环相互促进的新发展格局。这个国内国际双循环的关键点就是消费需求,而消费需求的扩大,一是靠收入的增长,二是靠收入分配的改善,三是靠政府加大再分配力度。

中国经济50人论坛丛书
Chinese Economists 50 Forum

第三章 形成强大国内市场，构建新发展格局[1]

余斌[2]

---

[1] 本文根据长安讲坛第369期内容整理而成。
[2] 余斌，中国经济50人论坛成员，国务院发展研究中心党组成员、学术委员会秘书长，研究员。

一、构建新发展格局

党的十九届五中全会通过了《中共中央关于制定国民经济和社会发展第十四个五年规划和2035年远景目标的建议》（下文简称《建议》）。《建议》有2万多字，分15章、60个小节，涉及经济社会发展的方方面面，内容非常丰富。其中，"形成强大国内市场，构建新发展格局"是最新也是最重要的内容，在整个《建议》中起到了纲举目张的作用。加快构建以国内大循环为主体、国内国际双循环相互促进的新发展格局，标志着我国发展战略的重大调整。

新世纪的第一个20年，也就是2001—2020年，我国处在重要战略机遇期。《建议》指出，当前和今后一个时期我国发展仍然处于重要的战略机遇期。但是，与过去20年相比，机遇和挑战都有新的发展变化。我认为至少可以从以下四个角度来分析。

首先，过去20年全球化处在快速发展的阶段。我国抓住了全球化快速发展的机遇，2001年加入世界贸易组织（WTO），充分发挥比较优势，即劳动力资源丰富、价格低廉的优势，快速推进工业化、城镇化，取得了巨大成就。在全球化快速发展的阶段，我国抓住机遇相对来说是比较容易的。但是20年以后的今天，单边主义、保护主义盛行，出现了逆全球化潮流。与此同时，我国原有的低成本、低价格的优势明显削弱，需要培育新的竞争优势，培育新的增长动能。党的十九大报告指出，我们正处在转变发展方式、优化经济结构、转换增长动力的攻关期，即转型升级处在爬坡过坎的关键阶段，遭遇了逆全球化潮流。与过去相比，我们抓住机遇的难度要大得多。

其次，从苏联解体、"冷战"结束之后，全球秩序、治理体系处在相对稳定的阶段。当全球秩序、治理体系相对稳定的时候，我们对于风险和挑战看得比较清楚，也比较容易做好准备，从容应对。但是，当今世界进入动荡变革期，全球治理体系面临深刻变革，各种矛盾、风险相互叠加、相互影响，对我们应对风险、挑战的能力提出了更高的要求。

再次，产业结构从互补关系演变到今天的竞争关系。过去，西方发达国家处在产业链高端，以生产高附加值、高科技含量的产品为主，而我们处在产业链的中低端，以生产低附加值、低科技含量的产品为主。因此我们的产业结构与西方国家是一种互补的关系。不仅如此，在低附加值、低科技含量的产品生产上，我们的效率越高，发达国家越可以从中受益，他们越能买到更多价廉物美的中国产品。因此，当产业结构是一种互补关系的时候，我们比较容易与西方国家形成合作共赢的局面。当中国经济转型升级，逐步从产业链的中低端迈向产业链中高端，也开始生产高附加值、高科技含量产品的时候，我们的产业结构与西方国家就演变成竞争的关系。

最后，2001年中国加入WTO的时候，西方国家普遍认为，中国加入WTO，就是把中国纳入全球治理体系。随着贸易、投资快速增长，中国在经济上会走向市场经济道路。同时，随着中国经济发展，居民收入水平提高，中等收入群体规模不断扩大，中国在政治上也会走向民主化道路，中国模式将逐步与西方模式趋同。但是，20年过去了，我们开创了一种完全不同于西方的中国模式，走出了一条中国道路。在与西方模式的比较、竞争中，中国模式的优势不断彰显，对西方现有模式构成挑战。

把党的十九届五中全会通过的《建议》与过去相似的文件作一个比较，可以发现《建议》中几乎没有定量目标。"十四五"期间经济增长是什么状况，到2035年要达到什么样的水平，《建议》以定性表述为主。但是，这些定性的表述中，隐含着一些定量的目标。比如，2019年中国经济总量99万亿元，预计2020年GDP增长略高于2%，2020年国内生产总值将突破100万亿元，综合国力跃上新的大台阶。《建议》在论述"十四五"经济发展目标时，提出在质量效益明显提升的基础上实现经济持续健康发展。它强调的是质量和效益不断提升和经济持续健康发展，并没有给出增长目标。但是，《建议》指出，到 2035 年，经济总量、城乡居民人均收入将再迈上新的大台阶。2020 年我国 GDP 超过 100 万亿元，跃上新台阶，2035 年将再迈上新的大台阶，大体上可以理解为到 2035 年 GDP 达到 200 万亿元，比 2020 年翻一番。在高速增长阶段，实现 10 年翻一番的目标，年均经济增长需要达到 7.2%。现在我们的经济增速已经下降到一个新的水平，要实现 15 年翻一番，年均经济增长要达到 4.7%。

2019 年，中国人均 GDP 首次突破 1 万美元关口，到 2035 年人均 GDP 将会达到 2 万美元以上，中等收入群体显著扩大，城乡区域发展差距和居民生活水平差距显著缩小，人的全面发展、全体人民共同富裕取得更为明显的实质性进展。

坚持稳中求进工作总基调，以推动高质量发展为主题，以深化供给侧结构性改革为主线，以改革创新为根本动力，以满足人民日益增长的美好生活需要为根本目的，是《建议》确定的"十四五"时期经济发展指导思想。统筹发展和安全，加快建设现代化经济体系，加快构建以国内大循环为主体，国内国际双循环相互促进的新发展格局。

为什么要强调以高质量发展为主题？尽管在过去 40 年中我国经济持续高速增长，成功地创造了中国经济奇迹，但是直到今天我国仍然是世界上最大的发展中国家，人均收入水平跟发达国家相比还有很大的差距，发展仍然是我们党执政兴国的第一要务。但是今天的发展不能像过去那样，主要依靠资源、要素的大规模投入，以破坏生态环境为代价，我们要走上高质量发展的轨道。同时，今天发展中存在的一系列矛盾和问题，比如发展的不平衡、不充分等，集中体现为发展质量不高。要解决发展中存在的这些矛盾和问题，就必须提高发展质量。另外，提高国际竞争力，增强综合国力，增强抵御风险的能力，也都有赖于不断提高发展质量。

如何提高发展质量？《建议》指出，要坚定不移贯彻创新、协调、绿色、开放、共享的新发展理念，以深化供给侧结构性改革为主线，坚持质量第一，效益优先，切实转变发展方式，推动质量变革、效率变革、动力变革，使发展成果更好惠及全体人民，不断实现人民对美好生活的向往。

要构建以国内大循环为主体的新发展格局，就必须形成强大的国内市场，坚持扩大内需这个战略基点。内需包括投资和消费两个部分，要增强消费对经济发展的基础性作用，发挥投资对优化供给结构的关键作用。加快培育完整内需体系，把实施扩大内需战略与深化供给侧结构性改革有机结合起来，提升供给体系对国内需求的适配性，以创新驱动、高质量供给引领和创造新的需求。就供给和需求的关系而言，一方面需求决定供给，如果需求发生了新的变化，供给没有做出相应的调整，产品在市场上就可能卖不出去。因此，需求发生了变化，供给必须做出相应的调整。另一方面，供给可以创造新的需求，新技术、新产品、新业态、新模式，都可以不断地创造出新的需求。从二者的辩证关系看，要形成需求牵引供给、供给创造需求的更高水平动态平衡。

从我国发展格局演变过程看，改革开放之前，我国是一个以国内大循环为主体的经济发展局面。那时，进出口规模小，占比低，国际环境变化对我国经济的影响微乎其微。改革开放以后，我国打开了国门，扩大对外贸易和吸引外资，外循环占比不断扩大。特别是 2001 年加入 WTO 以后，抓住全球化机遇，深度参与国际分工，快速提升经济实力，改善人民生活，从而形成了两头在外、大进大出的国际大循环。所谓"两头在外"是指市场和资源两头在外，大量从国际市场购买能源、原材料、初级产品，在国内加工、生产、组装成工业产品，然后再卖向全球。在过去的 10 年中，我国一直是全球第一制造业大国，2019 年制造业增加值占全球的比重达到 28.1%。

2008 年国际金融危机是我国发展格局演变的分水岭。这场危机导致世界经济深度衰退，全球市场一片萧条。面对严峻的外部冲击，我们把扩大内需作为稳定国民经济发展的基本立足点，推动经济发展向内需主导转变。为了应对金融危机，我们一方面扩大投资，比如大规模基础设施建设，很多高速公路、城市地铁和高速铁路都是在那个时候开始修建的。另一方面，我们还采取了很多措施来扩大消费，比如财政补贴支持家电下乡等。在过去的这些年中，我们对外贸易的依存度、经常项目顺差占 GDP 比重大幅度下降，内需对于经济增长的贡献率有 7 年超过 100%。

比较国际金融危机爆发之前的 2007 年和 2018 年，可以看出需求结构和供给结构发生的变化（见表 3.1）。

表 3.1　2007 年和 2018 年需求结构和供给结构变化（%）

		2007 年	2018 年
三大需求对 GDP 增长的贡献率	最终消费	45.3	76.2
	资本形成	44.1	32.4
	货物和服务净出口	10.6	-8.6
三次产业对 GDP 增长的贡献率	第三产业	47.3	59.7
	第二产业	50.1	36.1
	第一产业	2.7	4.2

在需求结构中，最终消费对经济增长的贡献提高了 31 个百分点，投资对经济增长的贡献下降了接近 12 个百分点，货物和服务出口减去进口的余额对经济增长的贡献下降了接近 20 个百分点。在供给结构中，服务业增加值对经济增长的贡献提高了 12 个百分点，第二产业中工业对经济增长贡献发生了相应的下降。因此，2007 年，经济增长主要依靠投资、出口、工业，也就是投资办工业企业，生产更多工业产品，然后销向全球，中国成为世界工厂。今天的经济增长主要依靠消费、服务，我们从世界工厂转变为世界市场。

随着外部环境和我国比较优势的变化，市场和资源两头在外的国际大循环动能减弱，而内需潜力不断释放，国内市场主导国民经济循环的特征明显。以国内大循环为主体，有利于化解外部冲击和外需下降带来的影响。即便是在新冠肺炎疫情对全球经济造成重大冲击这样的特殊时刻，我们也可以保持经济的正常运行和社会大局的稳定。中国 2020 年的 GDP 增长大体上略高于 2%，是全球主要经济体中唯一实现正增长的国家。

以国内大循环为主体,是要重新回到改革开放以前的状态吗?显然不是。新发展格局不是封闭的国内单循环,而是开放的国内国际双循环,内需和外需相互依存、相互促进。随着我国在世界经济中的地位持续上升,同世界经济的联系更加紧密,为其他国家提供的市场机会更加广阔,我国成为吸引国际商品和要素资源的巨大引力场。我们要在国内国际双循环的新格局中,重塑我国国际合作和竞争的新优势。

所谓超大规模性优势,表现为我国有超大规模人口、超大规模国土面积、超大规模经济体量和超大规模市场。市场是全球最稀缺的资源,全球最大和最有潜力的消费市场是我国最大竞争优势所在。随着人民收入水平不断提高,原有的低成本、低价格优势明显削弱,我国现在的比较优势转变为全球最大和最有潜力的消费市场。超大规模性优势有利于促进全球资源要素整合创新,使规模效应和集聚效应最大化;有利于增强发展韧性和扩大回旋余地,有利于缓释风险和对冲外部压力。

我国人口众多,市场空间广阔,实物商品消费额已达到美国现有水平,超大规模市场优势得到释放。随着经济的快速发展,居民收入水平不断提高,居民消费结构快速升级,我国的市场发展呈现出个性化、高端化、服务化、多样化趋势。企业通过科技创新和技术进步,使产品和服务的质量大幅度提升,我们逐步从产业链的中低端迈向产业链的中高端,经济发展方式从过去主要依靠投资、出口转向主要依靠消费和服务,我们逐步从世界工厂向世界市场转变。

二、中国经济发展趋势

我国经济增长向中速收敛。在过去的 40 年中，经济年平均增长 9.5%，处在高速增长阶段。2020—2035 年，我国经济有可能在新的中速增长平台上保持稳定发展。为什么会从高速转向中速呢？人口总量的增速放缓，老龄化步伐加快，技术水平接近世界前沿，劳动、资本投入和技术进步对经济增长的贡献呈下降趋势。劳动、资本投入和技术进步是决定经济增长的三大因素。我们现在正处在新一轮工业革命，新技术、新产品、新业态、新模式层出不穷，为什么技术进步对于经济增长的贡献是下降的呢？其实这个道理也比较容易理解。过去我们远远落后于发达国家，一直处在跟随的阶段，我们把发达国家在过去取得的技术进步压缩在一个很短的时间之内，通过引进、消化、吸收、再创新，为我所用。比如改革开放初期，中国连自行车都还没有普及，40 年以后的今天我们已经成为全球新能源汽车最大的生产和消费国。我们把西方发达国家在汽车领域 100 多年以来所取得的技术创新为我所用，所以过去技术进步对经济增长的贡献可以达到很高的水平。当我们的技术水平接近世界前沿，从过去的跟随者转变为今天的并跑或者领跑者之后，技术进步对经济增长的贡献出现下降就很难避免。同时，投资率下降，消费率上升，进出口低速增长成为常态，支撑经济增长的需求动力也将减弱。预计"十四五"时期经济潜在增速将下降到 5.5% 左右，2026—2035 年的 10 年中经济增速会进一步回落至 4.5% 左右。如果这样，未来 15 年我们可以达到接近 5% 的经济增长，实现 GDP 翻一番目标的可能性还是很大的。

图 3.1 横轴是发达国家增长，相对稳定，每年 2% 左右。作为一个落后国家，只要能够成功实现经济起飞，就可以在很长的阶段保持比发达国家高出很多的经济增长，我们把它叫作后发国家的追赶进程。在整个追赶进程中，在追赶的不同阶段，后发优势的重点不同，蕴藏的增长潜力不同，追赶进程会呈现出若干个不同阶段的特征。我们把整个后发追赶进程区分为五个阶段：起飞阶段、高速增长阶段、中高速增长阶段、中低速增长阶段和增速回归阶段。当后发优势充分释放，逐步达到发达国家水平，经济增速也会回归到与发达国家大体持平的状态，整个追赶进程宣告结束。这是后发国家经济发展的一般规律。对于中国来说，过去的 40 年是中国的高速增长阶段，这个阶段已经结束了。世界上没有哪个国家可以永远保持高速增长，中国也不可能例外。预计在未来 15 年中，经济增长大体上会围绕着新的中速增长平台上下波动。这是未来中国经济增长会逐步向中速增长平台收敛的原因所在。也可以说，经济增长台阶式下降的趋势不可避免。

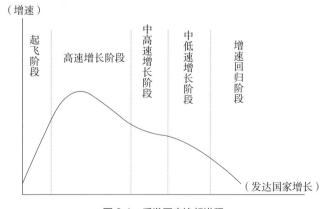

图 3.1　后发国家追赶进程

我国迈进高收入经济体行列。世界银行分类标准用的是人均国民总收入（人均 GNI），如表 3.2 所示。世界银行用人均 GNI 把世界上所有国家分为四类：低收入国家、下中等收入国家、上中等收入国家和高收入国家。在 21 世纪之前，中国一直是世界上的低收入国家（见表 3.2）。从 2000 年开始，中国的人均 GNI 跨越低收入国家门槛，进入下中等收入国家行列。我们在下中等收入国家行列里维持了 10 年，2010 年中国人均 GNI 跨越中等收入国家门槛，进入上中等收入国家行列。根据国家统计局公布，2019 年中国人均 GNI 增长至 10 410 美元，我国成为世界上中等收入国家。

表 3.2 世界银行分类标准（人均 GNI） 单位：美元

	1990 年	2000 年	2018 年
低收入	≤ 610	≤ 755	≤ 995
下中等收入	611—2 465	756—2 995	996—3 895
上中等收入	2 466—7 620	2 996—9 265	3 896—12 055
高收入	> 7 621	> 9 266	> 12 056

世界银行的分类标准每年都会进行调整，主要根据美国、欧盟和日本物价上涨、通货膨胀的情况不断提高它的门槛。比如，1990 年人均 GNI 超越 7 621 美元，就进入高收入国家行列，但是到 2018 年要达到 12 056 美元才能进入高收入国家行列。通常情况下，我们认为高收入国家是发达国家，其他国家都是发展中国家。因为中国是上中等收入国家，我们一直认为中国是世界上最大的发展中国家。

"十四五"时期 GDP、人口年均分别增长 5.5% 和 0.5%,人均国民总收入年均增速可达 5%。即使高收入门槛因物价上涨有所提高,我们认为"十四五"末跨入高收入经济体也是大概率事件。2010 年中国进入上中等收入经济体后,将仅用 15 年时间就跨越高收入门槛,为彻底告别"中等收入陷阱"奠定基础。

什么叫"中等收入陷阱"?这是世界银行观察到的一种现象。它发现一个国家只要成功实现经济起飞,就会用很短的时间非常顺利地从低收入水平达到中等收入水平,在这个过程中很难找到失败的案例。但是达到中等收入水平以后,在翻越高收入门槛的过程中,几乎所有落后国家都会失败,在这个过程中也很难找到成功的案例。世界银行把达到中等收入水平之后出现的长期经济衰退和经济低迷,称为"中等收入陷阱"。

作为一个落后国家,在成功实现经济起飞之后,本来可以在很长一个阶段保持比发达国家高出很多的经济增长。当它后发优势充分释放、逐步接近技术前沿的时候,经济增速会自然降落至跟技术前沿国家大体持平的水平,这是一个完整的追赶进程(如图 3.2)。观察发展中国家的经济发展,会发现绝大多数国家在追赶的中途会掉队。所谓追赶的中途,是指还有很多后发优势没有充分释放,离技术前沿国家还有很远的距离,这个时候出现经济增长的大幅度滑坡和长期的经济低迷就叫落入"中等收入陷阱"。世界银行统计发现,接近 90% 的国家都会落入"中等收入陷阱"。所以,这对今天的中国来说仍然是一个非常重大的考验。

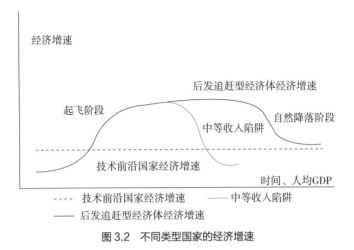

图3.2 不同类型国家的经济增速

中等收入群体倍增。在未来的15年中，我们可以努力实现中等收入群体倍增的目标。中等收入群体是指既不属于穷人，也不属于富人的人群，是消费的主力军和社会稳定的中坚力量。要形成强大国内市场，以国内大循环为主体，中等收入群体规模扩大是至关重要的。世界银行把中等收入群体界定为家庭人均每日消费支出10—100美元，10美元是下限，100美元是上限。由于下限太低，很容易出现对中等收入群体规模高估的现象。国家统计局的定义是，中等收入群体是指月收入在2 000—5 000元，中等收入家庭是指由中等收入群体为主构成的家庭，年收入约是10万—50万元。

我们选用欧盟成员国可支配收入中位数的70%作为中等收入群体的下限，200%作为上限。三口之家年收入大体上应该是20万—55万元的水平。由此估算，2018年我国中等收入群体规模约为3亿人，2020年达到3.25亿元。2020—2035年的15年间，我国人均可支配收入每年增长 4%，到 2035 年中等收入群体将达到 7 亿人，增加一倍。《建议》也提出了中等收入群体显著扩大的目标。

我国经济结构演变趋势。比较 2018 年中、美主要经济指标，大体上可以观察到中国经济结构未来演变的方向。这里选用了三个指标。

第一个指标是供给结构，即服务业增加值占 GDP 比重。中国服务业增加值占 GDP 比重刚刚超过 50%，美国 3/4 以上的增加值都是由服务业创造的。可以看出未来中国的服务业将会以更快的速度增长，服务业增加值占 GDP 比重将会持续提高。《建议》指出，推动生产性服务业向专业化和产业链高端延伸，推动生活性服务业向高品质和多样化升级，在"十四五"时期要保持制造业占比相对稳定。服务业增加值占 GDP 比重的提高，意味着制造业占比会出现下降。针对制造业大规模向海外转移的趋势，实体经济遭遇的困难较多，脱实向虚的倾向日益明显等，保持制造业占比相对稳定，其目的在于避免过快和过早地去工业化。

第二个指标是需求结构，即居民最终消费占 GDP 比重。中国目前还不到 40%，美国达到接近 70%，中美两国有差不多 30 个百分点的差距。美国只有 3.3 亿人口，现在是世界最大的消费市场，而中国有 14 亿人口，由于居民最终消费率占 GDP 比重处于很低的水平，所以我们跟美国相比还有差距。

第三个指标是城乡结构，即从事农业生产的劳动力占整个劳动力的比重。中国投入了 26.8% 的劳动力从事农业生产，我们是世界上最大的农产品进口国；而美国投入 1.4% 的劳动力从事农业生产，美国是世界上最大的农产品出口国，中美两国在农业领域的差距悬殊。党的十九届五中全会在强调巩固脱贫攻坚成果、实施乡村振兴战略之外，指出要提高农业的质量、效益和竞争能力。提高农业质量，就是要从过去以提高农产品产量为主，转向以提高农产品质量为主。提高农业效益，就是要让农民种地能够获得比较好的效益，提高农业生产积极性，缩小城乡居民收入差距。提高农业竞争力，就是要让中国的农业具有国际竞争能力，而不是需要保护的弱势产业。

三、畅通国内大循环

形成强大国内市场，是以国内大循环为主体的前提。在国内市场中消费占比更高，因此消费的持续快速增长是形成新发展格局的关键所在。

2009 年，为对冲国际金融危机对我国经济发展的影响，政府采取了减免汽车购置税、财政补贴支持家电下乡等刺激措施，社会消费品零售总额剔除价格因素以后的实际增长达到了接近 17%，创下了改革开放 40 年来的最高增幅。此后，消费实际增长逐年放缓，大体上呈现出每年下降 1 个百分点的态势，并且已经连续下降了很多年。2018 年消费实际增速回落至 6.9%，2019 年增速进一步回落至 6.0%。2020 年以来，我国经济逐步回升，绝大多数宏观指标都已经实现了由负转正，有些指标恢复到正常状态。但是，1 月—

10月份社会消费品零售总额名义增长 –5.9%。当然，影响消费增长的因素很多。我只强调收入差距扩大的问题，这与要缩小城乡、区域、居民生活水平的差距，全体人民共同富裕上取得更大的、更为明显的实质性进展有直接的关系。

基尼系数是衡量收入差距的指标。世界上收入差距比较大的国家，比如南非，它的基尼系数超过 0.70。美国现在的基尼系数也达到了 0.48。

如图 3.3 所示，我国 2008 年的基尼系数是 0.491，此后一直到 2015 年出现逐年小幅回落的趋势，主要原因是政府不断提高农产品收购价格来增加农民收入，缩小城乡居民收入差距。城乡居民收入差距是中国居民收入差距的主要原因，城乡居民收入差距缩小，基尼系数小幅回落。但是，2016 年后基尼系数再度反弹。收入是流量，财富则是存量，在收入差距持续缩小的同时，财富分配的差距不断扩大，而财富可以通过财产性收入来改变流量的分配状况。

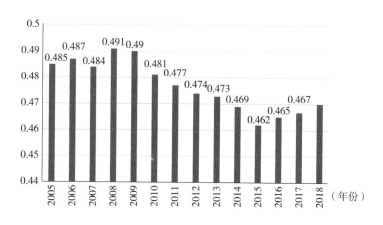

图 3.3　2005 年以来我国居民收入基尼系数

比较2009年和2019年我国居民收入构成，变化比较大的是财产净收入占比提高了6个百分点，这也从另外一个层面反映出中国居民财富分配的差距扩大了（见表3.3）。

表3.3 居民收入构成 单位：%

	2009年	2019年
工资性收入	60.2	55.9
经营净收入	16.9	17.1
财产净收入	2.5	8.5
转移净收入	20.5	18.5

从发展趋势看，我国多数农产品价格远远高于国际市场价格，传统的通过不断提高农产品价格的办法来增加农民收入已经没有空间，难以为继。由于机器换人、产业集群、供应链重构等原因，产业梯度转移实行区域协调发展难度加大。财富分配差距扩大，传统的收入再分配政策作用有限，而有效调节财富分配的手段，比如财产税、遗产税、赠予税等尚未启动探索。从世界范围看，与以往工业革命主要替代体力劳动不同的是，以智能制造为核心的新一轮工业革命对简单脑力劳动和程序化的工作替代加快。人脑与智能机器人将形成替代关系，由此导致中产阶级扩张放缓，财富向少数人集中的态势加剧，收入分配差距进一步扩大。贫富两极分化，正在并将继续成为影响全球政治经济稳定的重要因素。

收入差距扩大对于消费的影响十分明显。高收入群体的边际消费倾向较低，也就是他们的新增收入中用于消费部分的占比越来越低。不仅如此，很多高收入群体的消费需求会转移到海外，而大多数中低收入群体则面临着收入有限和支付能力不足的问题。

供给侧结构性改革的重点在于：第一，要发挥新型举国体制优势，破解核心技术、关键零部件受制于人的局面。第二，加强政府投入为主的基础研究，坚持开放式创新，为应用研究和重大技术突破奠定基础。第三，促进产业转型升级，提升中高端产品和服务的供给能力。第四，在中低端环节通过兼并重组、优胜劣汰，提高行业集中度和创新能力。面对产能过剩、无序竞争的局面，应通过竞争，不断淘汰行业内的低效率企业，把生产和市场向高效率企业转移和集中。行业集中度提高了，创新能力也将增强。

促进消费稳定增长的重点：一是在坚持居民收入增长与经济增长同步、劳动报酬增长与劳动生产率同步的同时，优化收入分配格局，在国民收入初次分配中，提高劳动者报酬占 GDP 比重。二是扩大社保覆盖面，提高保障水平，消除养老、医疗、教育等方面存在的不确定性。三是有效遏制地价、房价、房租和居民债务的过快上涨，防止挤出效应。

我国经济稳中向好、长期向好的基本趋势没有改变。我们有党的坚强领导和中国特色社会主义制度的显著优势，有改革开放以来积累的雄厚物质、技术基础，有超大的规模市场优势和内需潜力，有庞大的人力资本和人才资源，全党全国人民坚定信心，同心同德，一定能够战胜各种风险和挑战。

中国经济 50 人论坛丛书
Chinese Economists 50 Forum

第四章　新发展格局下的内需体系与改革开放[①]

李雪松[②]

[①] 本文根据长安讲坛第 372 期内容整理而成。
[②] 李雪松，中国经济 50 人论坛特邀专家，中国社会科学院工业经济研究所的党委书记、副所长，中国社会科学院宏观研究中心主任。

关于新发展格局下的内需体系与改革开放，主要有三个方面的问题。

第一，新发展阶段构建新发展格局的国内外环境。我国经济已进入新的高质量发展阶段。在百年未有之大变局背景下，叠加新冠肺炎疫情影响，我们将面临新的挑战，也存在不少新的机遇。当前全球疫情仍在蔓延反弹，中国经济率先复苏，但复苏是不均衡的，且仍面临不少困难。在新发展阶段，我国要坚持新发展理念，加快构建以国内大循环为主体、国内国际双循环相互促进的新发展格局。

第二，加快构建完整的内需体系。加快构建双循环新发展格局，需要畅通国际、国内循环，之所以特别强调要加快构建完整的内需体系，是因为目前的内需体系中，供给和需求存在不少错配的地方。要着力提高供给体系对国内需求的适配性，实现需求和供给之间更高水平的动态平衡。

第三，以新一轮改革开放促进构建新发展格局。为了加快构建新发展格局，到2035年基本实现社会主义现代化的目标，需要加快推进新一轮改革开放，把中国经济中一些短板尽快补上，在需要跨越的关键环节实现大的跨越，为中国经济进一步发展奠定比较好的基础。

一、新发展阶段构建新发展格局的国内外环境

当前，中国经济已经进入了高质量发展阶段，我国社会的主要矛盾已经转化为人民日益增长的美好生活需要和不平衡、不充分发展之间的矛盾。党的十九届五中全会提出，"十四五"时期要以推动高质量发展为主题，以深化供给侧结构性改革为主线，以改革创新为根本动力。在全面建成小康社会即将顺利实现后，我国的四个全面战略部局（"全面建成小康社会、全面深化改革、全面依法治国、全面从严治党"）在"十四五"期间就要自然过渡到"全面建设社会主义现代化国家，全面深化改革，全面依法治国，全面从严治党"。这是新的四个全面战略布局。

在新发展阶段，如何理解百年未有之大变局？主要有四个维度。一是当今世界经济格局发生了巨大变化。整个发展中经济体经济总量在全球经济中比重在上升，或者说是东升西降，中国经济在世界经济中占比迅速提高，特别是中国GDP的总量规模已经达到美国的2/3。中国和美国GDP规模差距在缩小，世界经济格局发生了重大变化。

二是世界政治格局发生了重大变化。因为贫富差距的扩大，整个西方国家内部的民粹主义、民族主义思潮不断上升。在发达经济体中，特别是美国贫富差距比较大，它在全球化中得到的收益在国内的分配并不均衡，中低收入阶层获得的收益份额在相对缩小。西方国家一些政党通过民粹主义者支持上台执政，政治激化、族群对立与社会撕裂加剧。

三是全球治理格局发生了重大调整。美国先是"退群"，退群以后要组建"新群"，在组建新群过程中加入了所谓"毒丸条款"。WTO改革面临着停滞。在全球治理体系中，中国既面临重组的机遇，也面临着重大挑战。

四是全球科技格局面临重大变化。新一轮产业革命和技术变革是一把"双刃剑"。如果中国能够迎头赶上，我们就可以实现跨越式发展。如果我们跟不上这个步伐，就会落伍。

世界面临百年未有之大变局，使世界进入动荡变革期，给我们带来了更多的不确定性。在疫情冲击下，全球产业链、供应链受到不少非经济因素的冲击，世界经济陷入低迷。这些因素对中国经济的外向型发展形成了制约。

但是中国经济还有一些比较明显的优势，同时面临一些新的机遇。

第一，中国有超大规模的市场。尽管有些跨国公司开始在东南亚布局一些生产厂家，但主要是一些中低端的产业在向东南亚转移。跨国公司中高端产业要占领中国的市场，不少采取的是"中国+1"的战略，在中国之外，比如在东南亚再设一个工厂，来规避中美经贸摩擦加征关税的不利影响。因为中国具有超大规模市场的优势，跨国公司在中国的工厂和布局不会轻易舍弃。

第二，中国的人力资源比较丰富。中国受过大专及以上学历教育的有 2 亿人左右，未来 15 年如果每年大专及以上毕业生有 800 万人以上，15 年中将有 1.2 亿以上的毕业生进入就业市场。当然，未来 15 年，每年还有一部分大专及以上学历的劳动者面临退休。总体而言，2035 年中国大专及以上学历的劳动者有 3 亿人左右，人力资源较为丰富。尽管有些劳动者教育质量还不够高，还要进行再教育、再培训，才能跟上经济发展对人力资源的要求。但如果把这 3 亿人的积极性和创造性都调动起来，把科技创新的潜力都挖掘起来，破除阻碍自主创新的体制机制，中国经济是可以延续持续发展的。

第三，新一轮产业革命和技术变革处于创新突破的前夜。全世界都在攻关，中国在个别领域处于领跑的地位，有可能在某些领域率先取得突破。我们必须承认的是目前中国科技与世界先进水平相比，大部分仍是跟跑，少数并跑，个别在领跑。跟美国科技的总体差距仍然比较大，特别是原创性成果的差距明显。在新一轮产业革命与技术变革中，我们必须要抓住这样一个在某些领域可能迎头赶上的机遇，着力强化基础研究，努力实现科技自立自强，加快建设科技强国。

在新发展阶段，我们面临新的挑战，也有新的很大的发展机遇。中央提出要着力构建以国内大循环为主体、国内国际双循环相互促进的新发展格局，不仅是针对全球疫情冲击的短期应对之策，也是在百年未有之大变局大背景下，重塑我国国际合作和竞争新优势的战略选择。

图4.1反映了主要制造大国在全球货物出口中的份额变化。2016年，中国在世界总出口中份额接近14%，美国9%左右，德国8%左右，日本4%左右。中国货物出口份额占据全球第一，且远高于其他经济体。2018年、2019年特朗普政府发动中美贸易战，中国出口在世界的份额仍维持13%左右的水平，虽然有小幅下降，但仍处于高位。

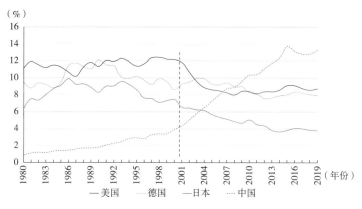

图4.1　主要制造大国在全球货物出口中的份额

图4.2显示出主要制造大国货物贸易依存度的变化。货物贸易依存度最高的是德国，大约占70%。德国的贸易依存度为什么会这么高？一方面因为德国人口只有8 000多万，国内市场有限。德国的GDP规模大概为3.8万亿美元，进出口总额约为2.7万亿美元，德国贸易依存度远高于中国。中国贸易依存度最高的时候是在2006年，为63%。国际金融危机后，中国贸易依存度逐渐下降，从2006年的63%降到了2019年的32%，现在略高于日本的贸易依存度。日本贸易依存度为29%左右，美国为20%左右。美国经济更多依靠国内消费市场，所以它的贸易依存度只有20%。

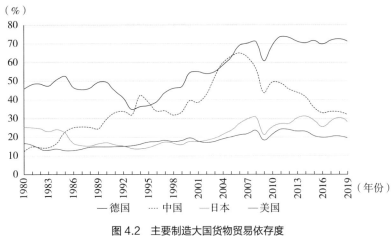

图 4.2 主要制造大国货物贸易依存度

中国的出口份额在全球虽然很高，但是贸易依存度已经明显下降了。而同期的德国贸易依存度，2009 年金融危机期间从 70% 下降到 60%，金融危机之后德国贸易依存度很快就恢复到了 70% 的水平。如果从贸易依存度指标来衡量，中国、美国、日本这三个制造业大国，目前主要是以国内大循环为主体。德国的贸易依存度是持续比较高的，它是国内国际双循环，但国际循环占比很高，这在主要制造业大国中是独一无二的。

图 4.3 显示中国 GDP 的结构变化。目前净出口占 GDP 比重只有 1% 左右。最高的时候在 2007 年，达到 9% 左右。如果看投资率和消费率，目前我国确实是以内需拉动为主的经济。净出口率只是一个核算方法，尽管只有 1%，但是不能否认出口对中国经济的重要作用，出口对中国经济的重要作用远远超过净出口率 1% 所表征的水平。出口和进口大循环可以提升 GDP 质量，企业通过进出口可以提高国际竞争力，了解国际通行规则，了解全世界不同地区人

们的需求差异，企业在国际化经营中可提高全要素生产率，促进中国经济高质量发展。

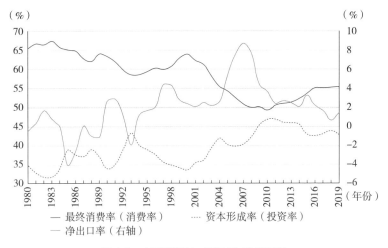

图 4.3 中国消费率、投资率与净出口率

图 4.4 显示 G7 发达经济体和金砖发展中经济体在新冠肺炎疫情冲击下 GDP 下滑程度的差异。图中纵坐标为每个国家在疫情冲击最严重季度时 GDP 同比下降的幅度（中国是 2020 年第一季度，其他国家都是 2020 年第二季度）。这张图的左半部分是 G7 国家，2020 年二季度在疫情冲击下 GDP 下降幅度最大，第三季度降幅已经收窄。我们可以看到一个基本的规律，就是制造业在经济中占比越高的国家，受到疫情冲击越小。比如 G7 国家中，英国的制造业占比很低，只有 8.8%，第二季度 GDP 同比下降 21.7%。由于疫情对服务业冲击大于对制造业的冲击，服务业大幅度萎缩，服务业占比高的国家，当然会受到疫情冲击较大，而制造业占比高的国家受到冲击较小。

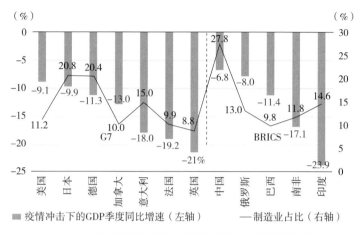

图 4.4 G7+ BRICS 制造业占比与疫情冲击下的经济下滑

在 G7 国家中，日本和德国制造业占比高，在 20% 左右，它们受到疫情冲击相对较小。德国第二季度 GDP 只下降了 11.3%，日本只下降了 9.9%。而意大利、法国、英国 GDP 下降幅度较大，下降 18%—21%。但是美国略微有些例外，美国虽然制造业占比只有 11.2%，但是它的 GDP 只下降了 9.1%，并没有下降到像法国、英国、意大利这么大的幅度。除了这些因素之外，GDP 下降幅度与各个国家对疫情防控的措施差异也有一定关系。图 4.4 右半部分为金砖国家，表现也类似。中国的制造业占比是 27.8%，在金砖国家中制造业占比最高，GDP 受到冲击最小。第一季度中国 GDP 只下降了 6.8%，其他几个国家下降幅度都比中国大，特别是印度 2020 年第二季度 GDP 下降了 23.9%，下降幅度是最大的。印度制造业占比按理说比巴西和南非高一点，但是它的经济下降幅度为什么比巴西和南非更大呢？这和印度在第二季度的经济封锁有关系。印度当时采取了一些防护措施，所以经济下滑比较严重。后来莫迪政府放松了防控，导致印度疫情大反弹，最近印度疫情略有好转。

总之，图 4.4 显示，要建设经济强国首先要建设制造强国，如果不能建设制造强国，建设经济强国就失去了根基。

这次疫情大流行的影响将会特别深远。按照国际货币基金组织（IMF）2020 年 10 月份发布的最新预测，2020 年整个发达经济体会陷入急剧的下跌。（在疫情冲击下，如果有效疫苗能够在 2021 年初上市，世界经济有望迎来较大幅度的反弹。但这个反弹是在 2020 年经济有一个深度下跌情况下的反弹，它并不代表经济可以恢复到很高的水平。）比如，2021 年第一季度如果中国经济出现了高速增长，这主要是因为 2020 年第一季度中国 GDP 下降了 6.8%，基数起重要作用。所以如果 2021 年第一季度中国经济出现了同比两位数增长，我们不要因此对形势产生误判。

再比如，以图 4.5 中欧元区为例。根据国际货币基金组织预测，2020 年欧元区将下跌 8%，2021 年会上升 5% 左右。在平常年份，增长 5% 是高增长，但这是在前一年大跌情况下增长 5%，实际经济规模还没有恢复到疫情前的水平。如果 2019 年疫情前欧元区 GDP 规模为 100，2020 年下跌 8% 后 GDP 规模就变成 92，到 2021 年再增长 5%，GDP 规模最多就是 97。也就是说，到 2021 年年底欧元区经济规模达不到 2019 年的水平。2022 年如果进入低增长，还是达不到 2019 年的水平，那就有可能多年后仍难以达到 2019 年的 GDP 规模。因此，扣除物价指数变化后，发达经济体经济规模要恢复到疫情前水平可能要努力多年。

资料来源：IMF，2020年10月。

图4.5 疫情大流行将影响深远

另外一个例子是日本经济。2009年国际金融危机冲击下，日本经济下跌最厉害，下跌接近6%。如果说2008年日本经济规模是100，到2009年就只剩94了，2010年上升了4%，GDP规模接近98，仍达不到2008年100的水平。2011年日本是零增长，2012年日本只有1%多点的增长，还没有达到2008年的经济规模，2013年稍微好一点，增长2%，才重新达到金融危机前2008年的经济规模水平，前后历经5年才走出泥潭。2020年疫情冲击下的日本经济可能下跌5%，把安倍晋三首相过去五六年的经济增长归零，或者说日本又需要多年才能恢复到疫情前2019年的经济规模，可见疫情的冲击是巨大的。

目前，我们不能低估疫情后世界经济低迷对我国的影响，如果2021年疫苗研发和接种效果不及预期，则国际货币基金组织对未来5年的预测将面临着较大的不确定性和下调风险。

目前全球确诊病例还在急剧上升，特别是美国疫情进入第三波的大反弹。欧洲疫情，特别是法国和德国疫情急剧反弹。印度和巴西近期有所好转，但是每天新增病例总数仍处于高位。法国、德国疫情反弹，导致近期欧元区服务业开始下行。目前疫情发展出现一个新特点，就是感染者趋于年轻化。早期感染者平均年龄比较大，现在感染者平均年龄迅速下降。原因是封锁放松了，人们警戒心也放松了，年轻人聚会比较多，造成大批感染者低龄化。当然不管是美国还是欧洲，疫情感染的死亡率已经出现明显的下降。原因一是早期医院收治有些挤兑现象，造成死亡率比较高；二是随着治疗手段的提升，治愈率开始提高；三是年轻人自身抵抗力比较强，年轻人中出现不少无症状感染者，而老年人基础疾病多，疫情初期死亡率比较高。不管如何，对疫情未来的发展我们还是要保持警惕，国际社会对于病毒的了解还非常有限。历史上有这样一个先例，1918—1919年西班牙大流感时期，第二年秋冬疫情再次反弹时死亡率大幅度提升，病毒的毒性更强了。这个可能性是存在的，这个不确定性对于经济发展预示着较大的不确定性风险。

而中国经济呈现出了率先但不均衡的复苏。在2020年的疫情全球大流行期间，中国货物出口远超预期，表现亮眼。中国疫情与西方国家有一个季度的时间差，中国疫情主要是第一季度比较严重，而西方国家主要在第二季度疫情严重。第二、第三季度，中国出口大幅度增加，防疫物资出口增长较多。2020年5月美国推出了大规模经济刺激计划和救助法案，一部分救助中小企业，一部分救助中低收入阶层，这些刺激政策部分转化为对中国生产和出口的拉动，中国电子产品、居家用品出口有明显增长。这些都是中国出口增加的暂时性因素。2020年跨境电商的爆发式增长也促进了中国出口，预计欧美跨境电商和电子商务全年将增长30%以上。此外，2019年中美经贸摩擦导致对美出口基数较低，这也是2020年出口增加加快的一个因素。2020年中国出口在全球中份额会明显反弹，其他国家对中国的依赖提升了，但这是阶段性的，是多方面暂时性因素引起的，疫情过后不会持续提高。

目前中国经济复苏并不均衡。工业和服务业等生产侧恢复快于需求侧。在生产侧，工业恢复比较快，服务业恢复比较慢。在投资中，房地产投资恢复比较好，而制造业投资恢复比较慢。如果制造业投资回报率不能提升，从企业决策的角度来讲，这样的投资宁愿不要，必须有回报才能投资。我们要在如何提高制造业投资回报率上做文章。基建投资增速不及预期，2020年尽管有8万多亿元的广义赤字，包括直达资金2万亿元（新增1万亿财政赤字和新发行1万亿抗疫特别国债），这2万亿元直达资金是中央财政直达县市基层，用于保基本民生、保市场主体、保基层运转的。但是直达资金在前一段时间执行进度偏慢，最近有所好转。前三季度基建投资几乎是零增长。过去经济不好的时候，要基建来拉动，现在来看这也是很难的。因为基建好的项目有限，或者有些好项目前期准备工作还没有做好。如果没有太好的基建投资项目，确实也没有必要让它增长太快。今后财政支出要持续优化支出结构，更多用于基本公共服务均等化，更多用于农业转移人口的市民化。因此，尽管我国 2020 年制造业投资和基建投资好像没有达到预期，但与低效投资相比可能也是一件好事情。

总之，在疫情冲击下，我国坚持人民至上、生命第一，通过实施"六稳""六保"政策，经济得到了率先复苏，统筹疫情防控与经济社会发展取得了双胜利。但这是一个不均衡的复苏，且目前仍面临不少困难：一是海外疫情仍然在持续，未来发展仍然存在较大不确定性；二是需求端恢复仍然滞后于生产端，国内有效需求有待释放；三是部分企业经营仍然非常困难，创新链短板亟待补强；四是重点群体就业压力仍然比较突出，结构性失业制约民生改善。有一部分返乡农民工没有再回城，虽然目前城镇调查失业率已经降到 5.4%，但部分返乡农民工没有进入调查失业率统计中，所以我们对失业问题还不能掉以轻心；五是地方财力对于其事权支撑不够，地方财政普遍比较困难，保基本民生、保基本工资、保基层运转压力较大，在疫情冲击下地方财政压力较大。

二、加快构建完整的内需体系

近年来，中国经济潜在增速下降，源于劳动年龄人口占比从 2011 年开始持续下降，且就业人口在 2017 年也出现了由升转降的拐点。

2011 年中国劳动年龄人口在总人口当中占比达到最高点，接近 70%。现在已经降到了 65%，下降了 5 个百分点。2017 年中国的就业人口达到了顶点，有 7.9 亿人，这几年开始持续下降（如图 4.6）。

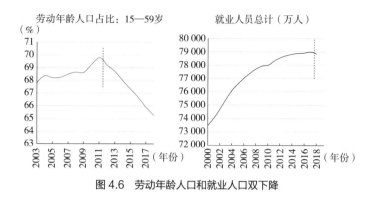

图 4.6 劳动年龄人口和就业人口双下降

从劳动力和就业对经济增长的支撑来看,未来中国经济潜在增长率将持续下降,在"十四五"期间可能在 5% 左右或者略高于 5% 的水平。到 2035 年会降到 4% 左右,到 2050 年降到 2.5% 左右(见图 4.7)。随着中国经济迈向高收入国家,经济增长速度会逐渐下降。但是即使这样一个潜在增速,要实现它也并不容易,每进一步都会非常艰难。对于企业来说是这样,对于国家来说也是这样。因为现在企业面临的是全球竞争,要想发展和生存就像攀岩一样,每一步都不能出错。企业如果没有一定的技术含量,生存会越来越困难。

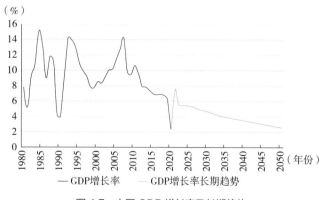

图 4.7 中国 GDP 增长率及长期趋势

在新发展格局下,要加快构建一个完整的内需体系。这个内需体系不只是时常讲的消费需求,那是比较狭义的内需。怎样能够扩大消费呢?除了推动基本公共服务均等化,首先是要提高收入。怎样提高收入呢?就必须提高劳动生产率。企业要有技术进步,劳动者的素质需要提高,教育质量要提高,这才能够跟企业的需求相匹配。企业有了创新能力了,劳动生产率实现提高,劳动者技能提高了,收入也就提高了。这样再增加消费是可持续的,否则扩大消费是难以持续的。扩大内需,不管是扩大投资还是扩大消费,归根结底是要坚持供给侧结构性改革,要提高生产率。

加快构建完整内需体系,要大力推进科技创新及其他各方面创新,加快推进数字经济、智能制造、生命健康、新材料等战略性新兴产业,形成更多新的增长点、增长极,使生产、分配、流通、消费更多依托国内市场,提升供给体系对国内需求的适配性,形成需求牵引供给、供给创造需求的更高水平动态平衡,培育新形势下我国参与国际合作和竞争的新优势。

目前我国主要存在三个方面的供需错配,着力化解这三个方面的供需错配,才能畅通国内国际双循环。

第一个供需错配是制造业受质量、关键技术、要素市场发育不足影响,难以满足需求。虽然中国是第一制造大国,但是我们的高端制成品供给严重不足,中低端产品相对过剩。中低端产品面临着东南亚、中东、拉美国家的竞争,高端制成品面临着供给不足和发达国家制造业回流压力,两端挤压凸显了中国制造质量的缺口。关键核心技术对外依赖度很大。国内基础研发投入占整个研发投入的比重只有5%，而发达经济体普遍在20%—30%。高端产业"缺芯少魂"问题比较明显，工业关键原材料、零部件和设备遭遇"卡脖子"之痛，关键核心技术供给不足。技术和资本要素市场发展不足。资本要素对于技术支撑不够，资本市场发育不完善，导致技术创新潜力未能得到充分发挥。

图4.8显示中国制造业占比持续下降。在G7国家和金砖国家中，中国制造业占比是27%左右，是比较高的，但近年来持续下降。如果制造业占比过快下降，就会过早去工业化。一些拉美国家因为制造业占比过快下降，服务业占比很高，陷入了中等收入陷阱。中国在"十三五"时期有一个定量指标就是服务业占比，中美经贸摩擦发生后，我们越来越认识到，不能简单将服务业占比高等同于产业优化，实际上要看是现代服务业还是传统服务业，是否能够与制造业融合发展，是否为高端服务业。

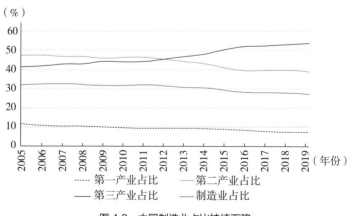

图4.8 中国制造业占比持续下降

在主要制造业国家当中，近年来日本制造业确实出现了明显的回流。所以并不是说发达经济体制造业一直是下降的。

图如4.9所示,从20世纪90年代以来,中国制造业占比下降到27%,但同期韩国制造业占比总体在振荡上升,目前保持在25%左右。中国制造业占比已经下降到韩国2010年的27%的水平。德国制造业占比相对稳定,保持在22%—23%,德国制造业占比持续二三十年没有下降。所以并不是说成为发达经济体后制造业占比就一定下降。事实上,日本制造业占比在过去30年不仅没有下降,反而在上升,而美国的制造业占比确实在下降。

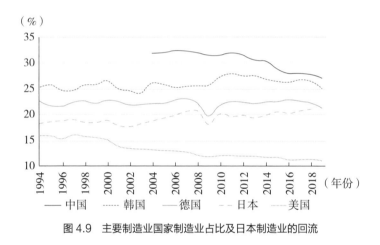

图4.9 主要制造业国家制造业占比及日本制造业的回流

我们要学习日本保持制造业占比不仅未下降,反而有所提高的经验。20世纪80年代美国对日本进行贸易战,日本为了规避美国加征关税,把不少制造业转移到中国,但是它的研发环节和核心工厂仍然保留在日本。中国现在有一部分民营企业向东南亚转移,这是适应市场规律的行为。但在向东南亚转移过程中,政府也可采取一些政策,激励民营企业把核心技术留在国内,核心工厂留在国内。中国要防止制造业空心化，防止过早陷入制造业衰退。

如 4.10 所示，德国、日本、韩国、中国与美国全要素生产率（TFP）的对比，中国全要素生产率未来增长潜力非常大。如果美国全要素生产率是 1 的话，德国接近于美国，日本约是 0.75，韩国约是 0.6，中国约是 0.4。从 1980 年到目前已经持续了 40 年，中国 TFP 基本都在美国 40% 左右。过去 40 年中国 TFP 绝对值明显提高了，但是美国也在同步提高，导致中国 TFP 占美国比重未能提高，或者说中国与美国的技术差距仍然很大。

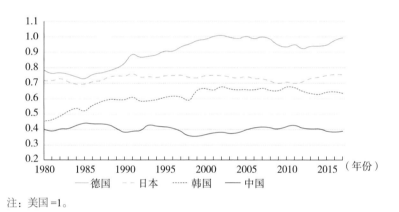

注：美国 =1。

图 4.10　世界主要制造业大国 TFP 比较

经济发展到一定程度之后，如果要使全要素生产率继续提高，就必须有更多的自主研发。德国有很多隐形冠军企业，有大量的自主研发，日本、韩国也有很多企业在进行自主研发。中国从"十四五"开始，也要把更多力量放在自主研发上。要在开放的同时实现自主研发。德国、日本、韩国都是非常开放的，但是必须要有自主研发。

表4.1显示全球供应链布局,以华为手机P30 Pro供应链为例,这是瑞银和日本技术实验室调研的结果。华为手机P30 Pro有1 631个零部件,虽然在中国组装,但是有869个零部件(超过一半)在日本生产,有562个在韩国生产,占34.4%;中国台湾地区生产83个,占5%;中国本土生产80个,占4.9%;美国生产15个,占0.9%。要注意的是,虽然在美国只生产15个,但是它的价值占比却是16.3%,价值占比是数量占比的18.1倍。因为这些零部件中国无法制造,所以其价值可以抬得非常高。一旦我们能够自主制造了,其价格就会迅速下降。当然,我们不能否认最初的研发投入成本是很高的,特别是考虑到失败的可能性及其成本,研发成功之后有高定价支持研发的良性循环也有合理性。但是如果技术总是被"卡脖子",后期赚取的垄断利润仍可以维持非常高的水平。

表4.1 华为手机P30 Pro供应链

	零部件数量及占比	零部件价值占比(%)	价值占比/数量占比
日本	869个,占53.2%	23.0	0.4
韩国	562个,占34.4%	7.7	0.2
中国台湾	83个,占5.0%	7.9	1.6
中国	80个,占4.9%	38.1	7.8
美国	15个,占0.9%	16.3	18.1

注:零部件总数为1 631个。
资料来源:瑞银和日本技术实验室(Fomalhaut Techno Solutions)。

针对制造业供需错配问题,要畅通制造业循环就要适应新型消费、关键技术、要素市场化的需求,要加快建设制造强国。具体而言,要以战略性新兴产业和高技术制造业为抓手,逐步提高高端制造业占比：加强新型基础设施建设，引导企业利用数字化、网络化、智能化技术，提高产品质量和品牌价值。提升高端产品比例，特别是新型消费品比例，推动中国产品的比较优势由成本节约优势转向质量领先优势，促进中国制造实现优质优价。要面向重点领域和重大需求加强应用基础研究：加快实施创新驱动发展战略，提高自主创新能力，加快建设制造强国。对技术路线较为确定的关键"卡脖子"技术，发挥新型举国体制优势，推动重要领域关键核心技术攻关。要加快完善技术和资本要素市场化配置，激发企业和科研人员创新活力，建立健全职务科技成果产权制度，改革完善股票市场发行、交易、退市等制度，对公司信用类债券实行发行注册管理制。

第二个供需错配是高附加值、生产性、创新性服务业供给难以满足需求。国内服务业有巨大发展潜力，但是供给不足。高附加值服务供给不足：以科教文卫为代表的高附加值服务业存在体制机制障碍，供给品种和质量无法满足国内快速增长、升级的需求，导致需求外溢。生产性服务业发展滞后：科学研究和技术服务业、软件和信息技术服务业、品牌策划、营销咨询服务业等发展不充分，金融服务供给与实体经济和科技创新需求的匹配度不足。服务业本身创新发展不足：许多服务企业内部缺乏创新意识和组织体系，不少服务企业没有研发部门，造成服务创新不足，供给与需求不匹配。

针对服务业供需错配问题，要以开放、融合、创新为抓手，促进服务业扩容提质增效。要加大服务业对内对外开放力度：除了加大财政资金对基本公共服务的投入之外,还要加快科教文卫领域对内对外开放步伐,提升市场供给能力,满足高质量、多元化需求。要加强服务业与农业、制造业融合发展;大力促进金融结构调整,提高金融为实体经济和科技创新服务的能力和水平;大力发展高技术服务、品牌设计推广、知识产权保护等现代服务业;大力推进软件服务、信息技术等关键生产性服务业发展。要以创新培育服务业发展新动能;提升传统服务业专业化、规范化、品牌化水平;支持新技术、新工艺、新业态、新模式创新应用,推动技术工艺创新和深度广泛应用,鼓励平台经济、分享经济、体验经济等新业态、新模式发展,探索审慎监管和包容式监管方式,构建创新友好型发展环境。

第三个供需错配是收入水平低、收入差距大、杠杆率上升快导致国内有效需求不足。过去40年中国经济发展取得了巨大成就,2019年人均GDP已经超过1万美元。但我国与发达国家人均GDP差距依然较大。目前美国人均GDP是6.5万美元。美国和中国是世界上收入差距最大的两个主要大国。目前美国收入差距比中国收入差距还要大一些。以基尼系数衡量,中国收入差距和美国收入差距都在0.45以上,2011年后美国收入差距超过了中国(见图4.10)。法国经济学家托马斯·皮凯蒂在《21世纪资本论》中指出,西方发达国家由于资本收益率大于经济增长率,必然导致资本获得收益越来越大,贫富差距越来越大。如果没有政策调节的话,收入差距会继续扩大,这也是西方民粹主义上升的重要原因。而中国大力推动脱贫攻坚,有助于改善收入分配,缩小收入差距。

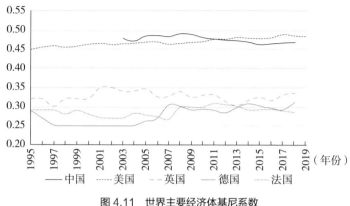

图 4.11 世界主要经济体基尼系数

当前,我国超大规模市场潜在优势尚未得到有效释放。中国的城镇化率已经超过 60%,但户籍人口城镇化率只有 44%,与其他制造业大国相比还有很大的提升空间。城市化会带来大量劳动力,但是进城农民如果没有享受到城市基本公共服务,他们的消费潜力就难以得到释放,这是需要重点解决的问题(见图 4.12)。

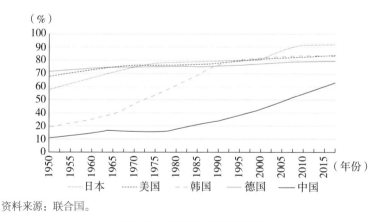

资料来源:联合国。

图 4.12 主要制造业国家城市化率

针对国内有效需求不足问题,要持续提升人力资本、促进劳动力和土地市场化配置，扩大有效需求。一是提升人力资本水平，稳步提高居民收入。提高高等教育和职业教育质量，实施"低技能失业者和低收入者大规模技能培训计划"，培训经费主要由中央财政解决，提高劳动生产率，提高中低收入者收入、壮大中等收入群体规模。二是加快农业转移人口市民化进程，畅通社会流动渠道，缩小城乡收入差距。放开放宽除个别超大城市外的城市落户限制，延长外来人口劳动年限。建立城镇教育、就业创业、医疗卫生等基本公共服务与常住人口挂钩机制，推动公共资源按常住人口规模配置。畅通劳动力和人才社会性流动渠道，形成全国统一大市场。三是加快土地要素市场化配置，促进都市圈与城市群发展。建立健全城乡统一的建设用地市场，盘活农村存量集体建设用地。建立全国性的建设用地、补充耕地指标跨区域交易机制。坚持"房住不炒"政策定位，防范房地产价格过快上涨与回落风险，稳定居民杠杆率，降低居住消费对产品和服务消费的挤压。

三、以新一轮改革开放促进构建新发展格局

改革、开放、创新是三大动力。深化改革是根本动力，扩大开放是重要动力，促进创新是第一动力。经济体制改革有两个重点，一是完善产权制度，产权明晰了才能形成有效激励；二是要素市场化配置改革，尽快把要素市场化扭曲部分捋顺，释放出增长的新动能。

促进构建新发展格局，需要有五个方面的改革。

一要深化国企改革，强化关键技术创新，实现结构性动态调整。在当前遭遇"卡脖子"之后，国企要发挥创新主导作用，创新引领需要国企发挥作用。另外国企在保证产业链、供应链安全稳定上可以发挥重大作用，在保障社会民生和应对重大挑战时也能发挥特殊保障作用。国企在维护国家经济安全方面发挥基础性作用。国企要坚持有进有退，有所为有所不为，推动国有资本向关系国家安全、国民经济命脉等重要行业和关键领域集中，让国有企业真正起到抵御宏观风险的托底作用。

二要加快资本和技术要素市场化配置改革，加快建设科技强国。中国下一步发展的关键是提升自主创新能力，实现科技自立自强。新一轮产业革命与技术变革的机遇要能抢抓到手，不能错失这一轮产业革命与技术变革的机遇，要充分发挥中国人力资源丰富的优势。要双管齐下，一是充分发挥政府作用，针对"卡脖子"技术，发挥新型举国体制优势，推动重要领域关键核心技术攻关，构筑自主可控的科技创新网络。二是要赋予高校、科研机构更大的自主权，给予创新人才更大技术路线决定权和经费使用权。显著提高基础研发占研发经费投入比重，继续提高研发投入强度。基础研发属于产品的前端研发，是政府可以发挥作用的重要领域。习近平总书记在经济社会领域专家座谈会上指出，要大力发展数学、物理、化学、生物等基础学科。基础研究搞好了，自主研发才有后劲，未来才有可能获得更多诺贝尔奖。要大幅度提高人头费比重。美国、英国、德国、日本等发达国家研发经费中人员经费占比普遍在 50% 以上，中国只有 20%

多。人头费占比太低会导致研发激励不足、人力资源浪费等严重问题。要改革科研经费管理办法，把人头经费占比大幅度提高到50%左右。要充分发挥市场决定性作用，加快资本和技术要素市场化配置改革。要促进技术要素与资本要素有机融合，全面实施注册制改革，完善资本市场基础制度，提高上市公司质量，激发企业和科研人员创新活力，形成"硅谷＋华尔街"式的创新促进强大激励机制。

三要促进土地和劳动力要素市场化配置改革，降低市场扭曲，释放改革红利。深化土地要素市场化配置改革，促进城市圈和都市群发展。除了技术创新之外，这是"十四五"时期最大的增长潜力所在。都市圈和城市群发展要打破土地要素错配，目前有建设用地的地方往往缺项目，有项目的地方往往缺建设用地，项目跟建设用地是错配的。改革就要打破这个错配，土地跟着项目走。要建立全国性建设用地跨区域交易机制，要扩大交易规模。18亿亩耕地红线不能动，在保证耕地数量、质量的情况下，做好土地交易的监管，防止以次充好。比如深圳每年新增几十万常住人口，房价肯定会上涨。对此只有增加土地供应，给它更多住宅建设用地指标。如果没有这个指标了，可以向西部跨省购买更多土地指标。建设与人口规模相匹配的住宅，住宅跟着人口走，人口跟着产业走，土地跟着项目走。要通过要素市场化配置改革，使人口、土地、资金、技术等要素全面循环畅通。如果人口与土地长期错配，必然导致有些地方房价畸高。只能采取限购限贷等措施，只有尽快把长效机制建立以后，限购限贷才能放松。在土地要素市场化配置中，仍有大量住房需要新建，改善性住房需求潜力仍然很大。从全国住宅总量来看，人均住房面积已经不小，但有些地方人口大量流出了，还建了大量住宅，存在严重错配。加快农业转移人口市民化进程，加入城市户籍，给他们基本养老、基本医疗、子女基本教育的权利，使他们真正融入城市里来，一方面可以延长他们的劳动年龄，另一方面可以在一定条件下使他们自愿放弃农村土地。农村可以集约更多建设用地进行地票交易，农村耕地也可以集约使用，逐步实现农业规模化经营。

四要加快数据要素市场化配置改革，提升数据利用效率。数据要素市场化配置改革首先要确权，明确数据产权的归属。众多App都有自己用户的大数据，这些数据产权是谁的？要保护用户隐私，这是底线。对于违背个人隐私、违背国家安全的数据，是绝对禁止公开和买卖的。其他数据要确权，只有确定的产权，才能激励产生更多大数据，才能激励数据的交易，交易收益归属才能清楚。另外，有的数据可以不求拥有，但求使用，可以共享。在多个机构之上建立一个共享机制。

五要推进更高水平对外开放。开放是最大的改革，要着力打造国际合作与竞争的新优势。目前中国在加快推进国内开放，比如设立了21个国内自贸区和海南自贸港。外商投资负面清单越来越短，外资企业在更多行业可以拥有100%股权，外资金融机构可以在中国设点。自从中美经贸摩擦以来，中国改革开放力度显著加大，出台了一系列重要文件。"十四五"期间就是要把这些文件落实落地，激发发展的巨大潜力。要维护以WTO为核心的多边贸易体制，力争《区域全面经济伙伴关系协定》（RCEP）和《中欧投资协定》尽早签署，加快《中日韩自贸协定》谈判，主动对接《全面与进步跨太平洋伙伴关系协定》（CPTPP），积极参与全球经济治理体系改革。加快构建立足周边、辐射"一带一路"沿线、覆盖全球的高标准自由贸易区网络，全面提升对外开放水平。

2020年10月，IMF对中国"十四五"时期的经济增长做了预测，这个预测相对乐观，预计2021年中国经济增长8.2%、2022年5.8%、2023年5.7%、2024年5.6%与2025年5.5%，"十四五"时期平均GDP增长5%—6%（见图4.13）。如果实现年均5%左右的增长是可以接受的，因为中国经济并不需要追求高增长，

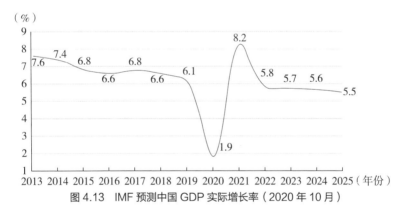

图4.13 IMF预测中国GDP实际增长率（2020年10月）

而是要追求健康稳定的增长、高质量发展。只要持续推动高质量发展，则2035年人均国内生产总值就可以达到中等发达国家水平。在稳健货币政策主导下，推动高质量发展，意味着技术创新不断突破，市场力量终将驱动本币趋于长期升值。构建完整的内需体系是必须的，但一般情况下并不需要以提高杠杆率为代价去扩大

内需，而要以深化供给侧结构性改革为主线，着力提高自主创新能力，不断提高供给质量，持续提高劳动生产率。在此基础上不断壮大国内市场。只有这样。中国经济的未来发展才是可持续的，才能实现未来两个阶段的目标。

中国经济50人论坛丛书
Chinese Economists 50 Forum

第五章　开拓十亿中低收入人群大市场[1]

汤敏[2]

---

[1] 本文根据长安讲坛第371期内容整理而成。
[2] 汤敏，中国经济50人论坛成员、国务院参事、友成企业家扶贫基金会副理事长。

党的十九届五中全会提出，我们进入了一个新时代，需要新发展理念与新发展格局。新发展格局就是以形成国内大循环为主，国内国际双循环相互促进新的发展格局，培育新形势下我国参与国际合作和竞争的新优势。

20世纪90年代提出的是"两头在外"，目的是要充分利用国内、国外的两大市场，特别是利用国外的资源和市场。从2008年以后，中国国内市场在经济发展中起的作用越来越大。由于当前整个世界格局的变化，特别是经济逆全球化的趋势开始形成，面对百年未有之大变局，我们有必要对发展格局进行调整。

一、国内大循环的突破口在哪里

调整的关键首先是如何做好国内大循环。做好国内大循环最关键的是要提振和扩大国内消费。只有扩大消费，才能加速国内大循环。中国是世界的制造工厂，生产能力非常强，只要有需求，企业就可以生产出来。从现象上看，我们现在的痛点是消费不足（如图 5.1）。

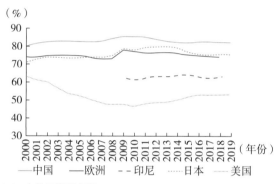

资料来源：wind，中信证券研究部。

图 5.1 各国最终消费占 GDP 比例

最终消费包括居民消费、政府消费等。中国最终消费占 GDP 的比重在 55% 和 56%。美国最终消费占 GDP 比重将近 82% 和 83%，欧洲、日本都远远超过中国。这些发达国家人均 GDP 是中国的 3~5 倍，它们的消费比例更大一些合情合理。但是印度尼西亚同样是发展中国家，它的人均 GDP 比我国还低，但是它的消费占 GDP 的比例也远远高过中国。由此可见，我国的消费占 GDP 的比重是比较低的。反过来也可以说，消费提振是有潜力的。如果能够提振消费,达到和世界平均水平差不多的程度,我国的消费规模还可以大大往前推进。

为什么消费不足呢?一般说来,这跟收入有关。我国居民收入占 GDP 比重也相对较低(如图 5.2)。全国居民人均可支配收入占 GDP 的比重还在逐渐下降。由此可见,从趋势来看,消费和收入是挂钩的,收入高一些的,消费就会高一些。可以说中国居民消费不够高,和我们的收入占 GDP 的比重不够高有很大关系。

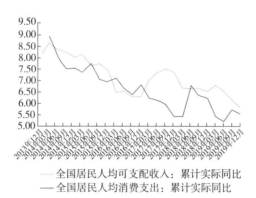

—— 全国居民人均可支配收入:累计实际同比
—— 全国居民人均消费支出:累计实际同比

资料来源:wind 数据库,中信证券研究部。

图 5.2 居民消费支出与收入水平

更全面来看,学者们认为,要提振消费有三条重要的措施:

第一是要让居民能消费。就是要有钱,有收入才能消费。

第二是居民愿意消费。要有多种多样、质量优良、适应需要的产品和服务,老百姓才愿意消费。

第三是居民敢消费。如果老百姓有很强烈的后顾之忧,即使是有钱,市场上有产品,也不敢消费。他们要担心未来看病、养老、住房、教育等方面的开支问题。因此,要让老百姓敢消费，就要有良好的社会保障体制。

这些道理说起来很简单、很全面、很正确，但要同时解决三大问题需要时间，也需要很多条件。要提高老百姓的收入，要把社会保障做好，这些事情经济学家们谈了几十年了，但真要把这些都做好也不是那么容易。例如，要提高全民的收入水平，钱从哪来？没有劳动生产率的增加，没有市场的扩大，生产出来的产品卖不出去，怎么提高收入？提高老百姓的收入，还可以从收入分配改革入手，减少企业的收入，减少政府的收入。然而收入分配的改革牵一发而动全身，是一个较长期的工作。同样地，要把社会保障做得更好，也需要钱。政府要出钱，老百姓也要出钱，社会保障标准太高老百姓出不起，企业的成本也太高。靠多印钞票来解决收入、社保问题，又会造成通货膨胀，引起更大的问题。这些改革都应该做，也都在做，但都需要长期的努力。在目前情况下，剩下的一个突破口或扩大内循环的启动点，即短期内让老百姓在"愿消费"上多下功夫，先下功夫，从而可以加大内循环，扩大内需，促进老百姓的收入增加，提高社会保障水平，进而走向良性循环。

对这个问题，很多人会说，现在市场上该有的产品和服务都已经有了，如何才能扩大消费呢？

二、市场开拓性创新

最近，美国哈佛大学的一位教授克里斯坦森写了一本书——《繁荣的悖论》。他发现，在现代社会中，经常会出现一个国家经济越来越繁荣，但工作机会却越来越少，结果导致繁荣不可持续，经济反而会越来越不繁荣，这就是"繁荣的悖论"。为解决这一问题，他从新的创新理论入手。

他认为世界上有三种创新：

第一，持续式创新。把现有市场的产品进行技术改进，这些是平常见得比较多的创新。

第二，效率性创新。是指用更少的资源办更多的事，现在很多科技新发明都属于这种创新。比如说5G、机器人、人工智能（AI）等都属于这样的创新。

以上这两种创新都非常重要，也是我们一直在追求的。这两种创新都能为企业带来更大的利润，为整个社会创造更多的财富。但是他提出，这两种创新有一个缺陷，它们一般是针对现存的市场、现有的顾客，往往因为效率的提高，不但不能创造更多的就业，很可能会减少就业。

比如，自动驾驶现在已经进行试验，包括北京在内好几个城市已经在一些路段进行自动驾驶的试验了。未来10年自动驾驶可能会逐渐普及。人们可以在汽车里下棋，可以一边坐车一边看报纸或休闲，这是一个非常好的场景。但是，一旦有了自动驾驶新技术的普及，在就业上会产生什么问题呢？第一，司机没有工作了。我们现在有几千万的卡车司机、出租车司机、滴滴司机等，他们可能都会没有工作了。快递员可能也会失去工作。因为自动驾驶车辆可以一天24小时在路上跑，白天可以送人，晚上送快递。有了自动驾驶以后，道路上就不需要红绿灯了，因为自动驾驶可以自动避让车辆和行人，而且行进速度也会大大提高。一旦自动驾驶车辆可以一天到晚地工作，就不需要那么多汽车了。一旦马路上 9/10 的汽车都没有了，当然 9/10 汽车制造厂的工人就没活干了，9/10 汽车零件配件厂也没活干了。一大批专门为配件生产的，比如说钢铁厂、橡胶园也都没活干了。

要注意，这里说的只是自动驾驶这一个技术将会对就业产生的冲击，而人工智能正在颠覆着各行各业。

当然，未来还是会有很多新的岗位出现。第一次工业革命出现了蒸汽机和纺织机，愤怒的工人动手砸汽车、砸纺织机，因为他们失去了工作机会。从长远来看，新的科技可能会产生更多的新岗位，给人们带来更多的工作机会。但是，在转型的过程中，可能会带来很多的失业，这一过程有多长，有多痛苦，现在还不知道。

每次产业革命和技术革命所产生的影响都不一样。第一次工业革命是一个历经上百年的缓慢发展过程，而现在的信息化革命特别是人工智能革命的发展速度非常快，而且它是全方位的。未来几十年人类社会会如何变化，我们都不是特别清楚。

克里斯坦森教授说，如果我们只盯着刚才说到的那两种创新，就有可能至少在一段时间内对社会产生很大冲击。"繁荣的悖论"会大量出现。社会越来越繁荣，但工作机会越来越少，结果会导致越来越不繁荣。实际上，这也是马克思、恩格斯、列宁早就指出过的资本主义市场经济必定存在的问题。

如何打破这个"繁荣的悖论"？

克里斯坦森教授提出了第三种创新——市场开拓性创新。他认为,在现实社会里有一个巨大的潜在消费市场,他称之为"未消费市场"。他说在人群中有一批人叫"未消费人群"。未消费不是说这些人不想消费,而是在市场上,现有的产品和服务太复杂、太贵,这批想消费的人买不起或用不上,结果他们的消费潜力就没有发挥出来,这就是未消费市场和未消费人群。

市场开拓性创新是这样定义的:把原本复杂昂贵的产品,让更多的人买得起、用得上,实现产品和服务平民化。这种创新和刚才我们说的创新不一样,它可能并不发展最新、最高端的科技,但是它能把消费市场的潜力挖掘和开辟出来,克里斯坦森认为这种创新同样是创新,或者说是更重要的创新。

如何能让穷人买得起、用得上昂贵的产品?如何实现产品和服务的平民化呢?我们来看几个例子。

传音手机是在中国设计和制造的手机,但在中国内地一台都没有销售过,专门卖到世界上最贫困的地区——非洲撒哈拉沙漠以南的地区,在那里占领了很大的市场份额。它成功的秘诀有以下几方面。

表 5.1 传音手机与其他品牌手机对比

品牌	2018 年平均售价(元)	
苹果	5 916	
三星	4 168	传音手机 2018 年平均售价
华为	2 536	智能手机:454.38 元
OPPO	2 012	功能机:65.95 元
锤子	1 734	
荣耀	1 380	
小米	1 217	

127

首先是它的价格。我们熟知的智能手机价格，比如性价比很高的小米手机一部也要 1 200 多元，但是传音智能手机只卖 454 元，功能机只要 65 元，非常便宜。

除了便宜以外，它还加上了很多非洲朋友所需的功能。

它是四卡机。因为非洲有很多移动通信公司，覆盖的地区不一样，有的贵，有的便宜，手机里装四个卡就可以选择不同的通信公司服务，减少流量和通话成本。据说现在又出了更新的传音手机，前面还加一个投影仪，可以放电影，这样家里就不用买电视机了。这种产品有这么多功能还卖得这么便宜，它做了很多解决当地居民痛点的创新。

又如中国农民生产的电冰箱。城市人使用的冰箱，追求的是智能化，现在最新的智能冰箱能知道你每天需要的牛奶已经消耗多少了，它甚至可以直接跟网店联系，自动把牛奶送过来。但是这个给农民设计的冰箱，不需要这么多对他们无用的功能。农民需要的首先是便宜，这么大冰箱最便宜只卖 700 多元；二是省电，3 天才 1 度电；三是专门设计了防鼠板，有的农村老鼠很厉害，会啃咬冰箱的电线，这款冰箱用防鼠板保护起来，老鼠咬不到；四是对电压波动要求比较低，适应农村电网的需要。这样的冰箱，在农村当然就会热销。

三、低端颠覆"四部曲"

这些满足低端人群的，能把市场扩大到未消费人群中去的创新，就是我们所说的市场开拓性创新。有人把这样的创新总结为低端颠覆的四步曲。

第一，对现有的产品或服务去掉一些不必要的功能。比如传音手机，把苹果、华为等手机那些很复杂的功能除掉。实际上我们手机中有 80%~90% 的功能可能很多人从来都没用过。而这些过度的性能都大大增加了产品的成本、使用的复杂性，让很多人买不起、用不上，成为未消费人群。

第二，要加入低收入人群的刚需。比如四卡机是非洲地区的刚需，防鼠板是一些农村地区的刚需。

第三，通过减少成本来降价，卖出准"白菜价"，同时要功能简单，操作方便，人人都会用。

第四，用低价的成熟技术。低端颠覆也需要先进技术，但不一定要最前沿的技术。手机芯片不需要用 7 纳米、5 纳米等特别高级的技术，用 50 纳米、90 纳米的技术就可以了，这些技术很成熟，零件也很便宜。

一旦实现低端颠覆，产品卖得很便宜，就可以扩大市场，增加低收入人群的幸福感。可以通过增加他们的收入，也可以通过产品降价减少他们的支出，这不但让他们有获得感、幸福感，同时东西也卖出去了，有了更大的市场，从而扩大生产，增加更多的就业。人们有钱了就可以更多地消费，进而发展走向一个良性循环。

要注意，这实际上是从供给的角度来解决需求的问题。我们这几年一直在推动供给侧结构性改革，让产品适销对路也是改革的一部分。现在提出的消费升级，也是消费升级的一部分。对于高端消费人群来说，更新、更高大上的产品是升级。对于未消费人群来说，把他们原来消费不起的产品和服务让他们能够享受，这也是升级。

从这个角度来说，大力推动市场开拓性创新是非常重要的。尽管用传统的观念来看，没有什么高科技不是创新，但是克里斯坦森认为市场开拓性创新同样非常重要。

技术的改进可以加快市场开拓性创新的步伐。中国在应用技术领域有一定的优势，比如我们的数字技术渗透率、电子商务占零售额的比重在2009年、2010年还远远低于其他的国家，但是从2010年以后，中国的电子商务开始快速发展（见图5.3）。

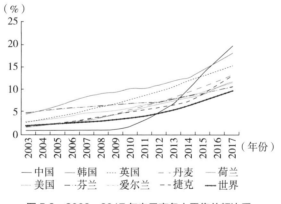

图5.3　2003—2017年电子商务占零售总额比重

再看电子支付，2011年中国电子商务占零售总额比重比美国还少一点。但是到2020年的时候，中国远远超过了美国。互联网技术的一些应用中国也已经走到前面（见图5.4）。

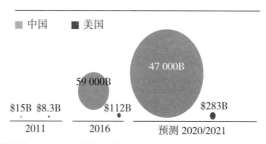

注：中国预测年份为2020年，美国预测为2021年。
资料来源：Research（中国）弗雷斯特研究公司（美国），华尔街日报。

图5.4 中美移动支付（十亿美元）

四、中国的未消费市场有多大

中国的未消费市场，特别是中国的低端市场有多大，能否开拓，如何开拓，有没有成功的例子？

不要认为中低收入人群是一个小众市场，我们先来看看中国的未消费市场有多大。

我们常说，中国有4亿中产阶层。这个数字非常大，超过了美国的总人口，也超过了欧洲的总人口。但是，用14亿减去4亿，还有10亿中低收入人群。李克强总理在两会上提到，中国月均收入只有1 000元左右的还有6亿人口。很多针对中产阶层设计的产品或服务并不一定适用于中低收入人群。或者说，中国的中低收入人群是一个巨大的市场，这个市场还有很多的未消费人群，还有很大的潜力可以挖掘。

未消费市场不仅是中低收入人群。例如，老年人对很多的产品来说也是未消费市场。中国60岁以上的老年人已经有2.6亿，65

岁以上的老年人有1亿多，而且老龄人口还在不断地增加。他们对很多的产品来说是一个很大的未消费市场。实际上很多老人都有退休金，他们有很强的购买力，但是我们的很多产品主要是针对年轻人、针对中产阶层开发的，专门为这些老年消费者开发的产品还不多，这些需要我们来积极推动（见图5.5）。

图5.5 金融的未消费市场：小微企业和个体工商户

中低收入人群真的没有消费能力吗？我们来分析一下月均千元的人群的市场。

2017年中国农村每人每年可支配收入是13 432元，月均1 000元。2007年中国城市人口年均收入是13 786元，月均收入也是1 000元。也就是说，3年前，全体农民的月均收入就是千元。13年前，中国城市居民的人均收入只有1 000元。即使是考虑通货膨胀的因素，也就是再往前推一两年。那时中国的市场也很大，也很活跃。月均1 000元收入对于城市居民来说，生活会比较艰难。但在农村，家里四口人，月均1 000元，一年48 000元。农村住房上没有开销，不需要还贷款，自留地可以种菜，消费要比城市人低。

农村中月均 1 000 元的人群也是一个有很强购买力的人群（见图 5.6）。

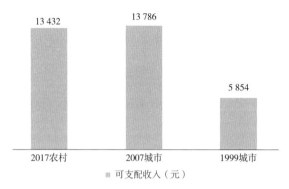

图 5.6　城市与农村可支配收入对比

再往前看,1999 年，中国城市居民月均只可支配收入有 500 元。当时马化腾刚刚注册腾讯，马云也刚从北京回到杭州，开始注册阿里巴巴。这些巨无霸就是在城市月均 500 元时开始发家。所以说，月均收入 1 000 元虽然并不算高，但是同样具有一定的消费能力，一定不要忽略这个市场。

五、关注下沉市场

现在商家已经越来越关注"下沉市场"。我们把城市进行了分类。北京、上海、广州、深圳是一线城市，二线有杭州、苏州、重庆等。三线是地级市的一些城市，四线是县一级，五线是镇一级，六线就是村庄了。中国一二线城市总共才 49 个，但我们的地级市有 300 个，县有 3 000 个，乡镇有 4 万个，村庄有 66 万个。

它就像一个金字塔一样，地基非常大，下沉市场中存在着巨大的消费空间（见图5.7）。

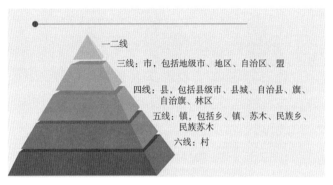

图5.7 中国"下沉市场"金字塔

专注下沉市场的企业也能取得巨大的成功。2015年时，大家认为中国的市场已经被BAT（百度、阿里巴巴、腾讯）等完全占据了。大家认为再做电商已经没有机会了。但是拼多多在2015年9月开始上线，3年以后就在美国纳斯达克上市。

拼多多为什么能成功呢？它主打的就是低端市场，它做的就是天猫、京东这些大平台不太关注的市场。它把商品卖出了白菜价，照样可以把这个市场撕开一个非常大的缺口。现在不仅拼多多，就连快手、抖音包括全民K歌都在卖货，都在打"下沉市场"。

为什么"下沉市场"有这么大的消费潜力呢？

第一，他们有"闲"。一线城市像北、上、广、深这些地方的人，他们60%的时间都在工作、学习或者加班，再加上15%~20%的时间耗费在交通上，总共有80%以上的时间都在操劳奔波。反过来看看四五线城市，时间节奏比较松驰，大多数人是在娱乐、辅导孩子和购物。他们居住的城市不大，每天用在交通上的时间很少，骑自行车几分钟就到了。工作学习也没有那么紧张，所以他们有很多闲暇时间上网购物或者进行其他消费（见图5.8）。

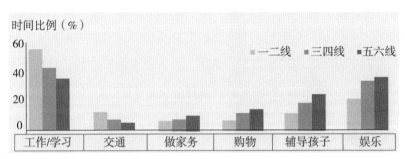

资料来源：数字100调查数据。

图5.8 下沉市场的巨大增长空间：绝对充足的时间

第二，他们有钱。一二线城市虽然平均工资比三四五六线城市高，但是花费也高。北京一套房可能要5万—6万/平方米甚至10多万元/平方米，而县城里的房子只要3 000—4 000元/平方米。他们不需要花很多钱进行住房抵押贷款，也不需要花很多的钱去交车贷、买汽油等。虽然他们手头的钱不多，但是真正能用于消费的钱并不少（见图5.9）。

资料来源：数字100调查数据。

图5.9 下沉市场的巨大增长空间：相对充足的钱

三四五线城市家庭大约有一半的子女是和父母同住，连房子都不用买。但是一二线城市大多数人都得自己买房子。所以别看他们的工资收入比较低，但是他们的购买力相对比较强。过去大家都在实体店买东西，而三四五线城市商业相对不发达，没有沃尔玛、家乐福，也没有宜家家居、迪卡侬，所以他们的消费被抑制住了。现在他们可以很方便地在淘宝、京东、拼多多上购物，和一二线城市没有区别，所以他们的购买力就被释放出来了。

对于下沉市场，不能简单地把对中产阶层的产品和服务直接搬过去。我们再来看另外一些数据。对于三大电商淘宝、京东、拼多多来说，一二线城市和其他城市已经基本拓展完成了，大家都在网上购物，一二线城市跟"下沉市场"使用的购买渠道都一样。虽然一二线城市有一些特别的商品"下沉市场"买得少一点，但是总体上大宗商品都是一样的，最多物流速度慢一点，稍晚一两天拿到产品而已。原来三四五线城市消费的弱势，现在已经被互联网所填补，他们的消费就变得更多了（见图5.10）。

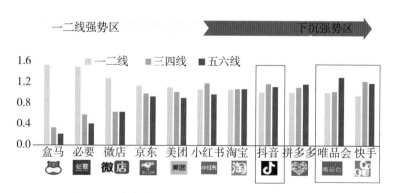

图5.10　电商购物网站人群画像目标群体指数（TGI）

从消费习惯的角度看,一二线城市生鲜产品买得比较多,三四五线城市拼购电商比较多,包括综合电商、小卖店这些地方还是有很大的市场,这也是低端市场的特色(见图5.11)。

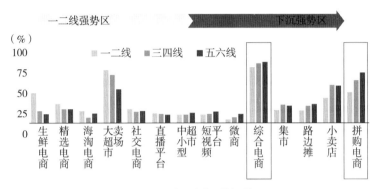

图5.11 购买消费品的渠道

再看农产品。中国的农产品电商增长最快的并不是那些特别发达的地方,而是山西、山东、河北、吉林等地。虽然他们的经济增长并不是特别快,但是在农产品电商的领域迎头赶上来了,而且发展得很快。比如山西每年农村电商的增幅都达到40%以上(见图5.12)。

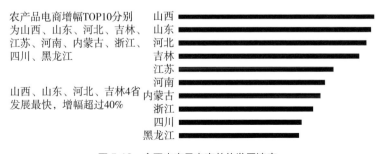

图5.12 全国农产品电商总体发展速度

再看贫困地区，不少以前名不见经传的地方电商发展得非常快。比如云南省的文山、西藏的拉萨，当地都有自己的特色产业和特色产品。即使地处比较贫困的地区，他们的产品同样可以通过电商进入消费市场。

现在直播带货也变成了新的营销模式，很多网红就是普通老百姓，都开始通过直播带货的方式推销各自的农产品。其中很多买家都是来自"下沉市场"，而且非常活跃。

从这种意义上来说，"十四五"期间要扩大内循环，中产阶层消费我们要继续关注，消费也要继续升级，但是我们更要关注"下沉市场"，要盯住十亿中低收入人群。对现有的产品与服务进行低端颠覆性改造，就有可能开发出新的市场需求。

六、对开拓"下沉市场"的建议

第一，建议更多的企业不要只盯着一二线城市，不要只盯着中产阶层，要瞄准未来消费市场新的商业模式。

第二，要利用比较成熟的技术和比较低的成本，适应低端市场和中低收入人群的消费需求。

第三，要关注中低收入人群对价格的敏感度。尽管他们也有消费的欲望，但是收入不够高，所以产品一定要性价比高，特别要薄利多销，要把价格降下来。

第四，要抓住低端市场的痛点和刚需，从品牌、选品、成本结构到促销策略都要适应当地人群的需要。

第五，应该把市场开拓性创新纳入政府的创新支持体系。政府有很多创新基金，有各种优惠政策，但是往往都是对高科技的创新，应该把市场开拓性创新也纳入政府的政策支持体系。政府对市场开拓性创新也要给予一定的税收和融资优惠。

第六，要创造一个针对市场开拓性创新的投融资机制和环境。银行、股市也要对盯着低端市场的企业、厂家给予支持。让未消费人群变成消费人群，这也是我们中国特色社会主义社会应该做到的。

最后，不仅中国有中低收入人群，世界各国都有。一旦我们把中国的中低收入人群市场开辟好了，产品做好了，把价格降下来了，成本降下来了，我们还可以打开更大的世界市场，包括欧美国家的市场。这样经济发展就会有更多的动力，内循环包括国内、国外两个循环都可以推动。因此，盯着十亿中低收入人群的大市场，盯着"下沉市场"的开拓性创新是形成新的发展格局的一个大抓手。

中国经济 50 人论坛丛书
Chinese Economists 50 Forum

第六章　粮食流通与农业发展①

韩俊②

---

① 本文根据长安讲坛第 368 期内容整理而成。
② 韩俊，中国经济 50 人论坛成员，时任中央农村工作领导小组办公室副主任、农业农村部党组副书记、副部长。现任吉林省委副书记、省长。

"洪范八政，食为政首"。习近平总书记强调，我国是人口众多的大国，解决好吃饭问题，始终是治国理政的头等大事。中国人的饭碗任何时候都要牢牢端在自己手上，饭碗应该主要装中国粮食。改革开放以来，我国粮食生产取得了巨大成就。我国用全球 9% 的耕地养活了全球 20% 的人口，实现了由"吃不饱"到"吃得饱"并且"吃得好"的历史性转变，成功解决了 14 亿中国人的吃饭问题，为全球粮食安全做出了重大贡献。

一、粮食流通体制改革走过了一条漫长而又曲折的道路

我国在建立符合市场经济体制要求的粮食流通体制方面，走过了一条漫长而又曲折的道路。从 1985 年开始宣布取消农产品统购

派购制度到实行合同定购，从实行"双轨制"到全面放开粮食收购和销售市场，尽管困难重重，但粮食流通体制改革一直坚定不移地向前推进。由于粮食生产和流通直接关系到种粮农民的收入，也关系到国家的经济社会安全。作为商品，粮食确实有其特殊性。另一方面，由于我们长期实行高度集中的粮食统购统销制度，也高度依赖单一的国有粮食部门垄断粮食的购销，制度的惯性也增加了粮食流通体制改革的复杂性。

（一）取消农产品统购派购制度，改为合同定购（1985—1990 年）

1985 年 1 月，中共中央、国务院发布《关于进一步活跃农村经济的十项政策》，规定从 1985 年起，"除个别品种外，国家不再向农民下达农产品统购派购任务，按照不同情况，分别实行合同定购和市场收购"。"粮食、棉花取消统购，改为合同定购。由商业部门在播种季节前与农民协商，签订定购合同。定购的粮食（包括小麦、稻谷、玉米，其他品种的粮食实行自由购销、自由定价），国家确定'倒三七'比例计价（即三成按原统购价，七成按原超购价）。定购以外的粮食可以自由上市。如果市场粮食价格低于原统购价，国家仍按原统购价敞开收购，以保护农民的利益。定购的棉花，北方按'倒三七'、南方按'正四六'比例计价（即 60% 按统购价，40% 按原超购价）。定购以外的棉花允许农民上市自销。""生猪、水产品和大中城市、工矿区的蔬菜，也要逐步取消派购，自由上市，自由交易，随行就市，按质论价。放开的时间和步骤，由各地自定。""其他统购派购产品，也要分品种、分地区逐步放开。""取消统购派购以后,农产品不再受原来经营分工的限制,实行多渠道流通。农产品经营、加工、消费单位都可以直接与农民签订收购合同;农民也可以通过合作组织或建立生产者协会,主动与有关单位协商签订销售合同。""任何单位都不得再向农民下达指令性生产计划。"这一文件的发布,标志着从1953年起实行了30多年的农村粮食统购制度被合同定购制度所取代,也是中国农产品购销体制由统购统销走向合同定购与市场收购并行的"双轨制"的转折点。

从农产品流通体制实际改革的效果看,虽然放开价格控制、完全实行市场调节的农产品,曾先后出现过市场剧烈波动,但基本上是成功的。而粮食流通实行的"双轨制"改革,却没有取得预期的效果。

在改革统购派购制度的第一年,就遇到了意想不到的困难。起初设计的改革路子是从废止粮食统购派购入手,建立合同定购制。1984年,粮食产量达到历史最高水平,出现了"卖粮难",农民希望国家多购粮食,在这一大背景下,以合同定购取代粮食统购的思路是行得通的。但是从1985年起情况开始发生变化:第一,在"卖粮难"的背景下,粮食价格总水平有所降低;第二,农用生产资料价格不断上涨,而且幅度越来越大;第三,国家、集体和农民个人都不同程度地减少了对农业的投入。在上述因素综合作用下,1985年以后粮食生产出现了连续4年的徘徊局面。在粮食供应转紧、市场价高于合同价的情况下,农民就不再愿意与国家签订合同,粮食收购的保证程度下降,但农产品销售量却无相应减少之势。于是合同制能否保障供给的恐慌，先从粮食销区发生，随后又波及产区。在这种情况下，不得不对粮食合同收购制度做了实质变动。虽然以合同定购取代统购派购的字句未做改革，但在中央正式决定中做了这样的规定："合同定购部分作为农民向国家交售任务，要保证完成。"在实际工作中，也宣布合同定购属指令计划，不自愿也必须完成合同规定的任务。于是，粮食流通体制悄然恢复到统购派购。

虽然用合同定购取代粮食统购的改革未能顺利实施，但1985年以后，粮食流通的市场化程度却不断提高。在实行粮食统购统销的最后一年（1984年），国家直接统一收购的粮食占到了粮食流通总量的87.3%，市场调节部分仅占12.7%。而到了1990年，前者已降到37.1%，后者提高到了62.9%。

粮食统购制度取消的同时，考虑到稳定城市物价等因素，城镇粮食统销制度并未被立即取消。粮食购销体制市场化改革之所以出现反复，主要原因在于："动购不动销"，即改革只涉及了收购体制，而没有触动销售体制。为什么当时粮食的统销没有取消呢？我国当时的人均收入水平很低，1990年城镇居民的人均可支配收入为1 510元，当时城镇居民的恩格尔系数为54.2%，农民为58.8%。在美国恩格尔系数只有11%左右，我国现在城镇居民平均恩格尔系数也就是20%左右，富裕家庭也就是10%左右。贫困县如果一个家庭的食品支出占消费支出的50%，那就是极端的贫困。1985年美国确定了国家贫困线，在美国如果一个家庭食品支出占家庭消费支出的30%，就被定义为一个贫困家庭。按这样的贫困标准定义一个贫困线，一天相当于 17 美元左右。我国当时城镇居民支出中有 54% 用于食品支出，农村在计划经济体制上开了一个小口子，城市还不能动。

1985—1992 年，国家粮食统销量大于定购量总共达到 11 330 万吨，这个差额只能由议价粮转为平价粮来弥补。由于议价粮价高，财政必须对此进行补贴。同时，统销价低于定购价的差额包括流通费用，也必须由财政进行补贴。因此，合同定购事实上已经演变为了变相的"统购＋补贴"。1986 年~1991 年，政府财政对粮、棉、油价格补贴总额高达 1 363 亿元，约为同期财政农业支出的 80%。巨额的粮食价格补贴已经到了令财政不堪重负的地步。从 1988 年开始，一些地区就开始实施减购（减少合同定购数量）、压销（压缩平价粮销售数量）、提价（既提高合同定购价，又提高统销价）、放开（放开购销价格）的粮食购销体制改革。这项改革在局部地区取得了重要突破。此外，这一时期还开始建立粮食储备体系（1990 年），相继出台了建立中央和区域粮食批发市场、建立粮食专项储备制度等重要改革措施。

（二）放开粮食销售价格，实行购销同价政策（1991 年~1997 年）

1992 年，国家大幅度提高了城市居民工资水平，大约增加了 36%，这时候开始着手考虑解决长期以来粮食购销价和倒挂的问题。从 1992 年 4 月 1 日起，国家下决心在全国范围内对粮食实行了"购销同价"政策。1993 年 2 月，国务院又发出《关于加快粮食流通体制改革的通知》，提出："粮食流通体制改革要把握时机,在国家宏观调控下放开价格,放开经营,增强粮食企业活力,减轻国家财政负担,进一步向粮食商品化、经营市场化方向推进。"粮价改革按"统一政策、分散决策、分类指导、逐步推进"的原则,争取在二三年内全部放开粮食价格。这标志着粮食购销开始走出"双轨制",走向国家宏观调控下的市场自由购销体制。

1993年,在全国范围内取消了实行40年的粮食统销,取消实行了40年的对城镇居民口粮定量供应的制度和粮票,价格随行就市,粮食供应和消费完全靠市场调节。1993年,明确宣布取消粮食定购的是一小部分县(市),大部分县(市)仍保留了粮食定购任务,但放开了定购价格,随行就市。1993年底,放开粮食购销价格的县(市)占到了全国总数的98%。为了加快向国家宏观调控下的市场调节体制过渡,1993年底,中央农村工作会议又做出了对粮食定购实行"保量放价"的决定,即继续保留定购数量,但价格随行就市。党的十四届三中全会也明确提出了"逐步全面放开粮食经营"的思路。

自1993年11月开始,在当年粮食生产获得大丰收的情况下,市场上的粮食价格却突然大幅度上涨。正是粮食价格的大幅度上涨,打乱了既定的粮食购销体制改革的部署。1990年3月至1993年6月,中国发生了长达40个月的"卖粮难",使粮食价格发生下跌或维持在较低价位。在经历了三年半价格疲软之后,从1993年11月,市场上的粮食价格却突然大幅度上涨,而且这次粮价上涨持续20个月之久(1993年11月至1995年7月)。

1993年,中国粮食生产获得了大丰收,粮食总产量达到了创纪录的 4.56 亿吨，比 1992 年增长 3.1%，粮食总供给明显增加。1993 年 11 月以后，粮食价格的大幅度上涨与粮食购销体制的市场化改革有关。中国过去在不断提高粮食生产价格的同时，长期对粮食消费者进行价格补贴，从而形成了粮食购销价格"倒挂"，政府财政为此背上了沉重的负担。在取消补贴前，政府制定的粮食销售价格比市场价格低；取消补贴后，粮食价格迅速向市场靠近是很自然的。正是从这个意义上，可以说，粮食价格上涨是农业进一步市场化的结果。

价格归根到底是由供求关系决定的。虽然 1993 年中国粮食获得好收成，但由于粮食需求增长快，到 1994 年粮食供求关系已经比较紧张，尤其是稻谷连年减产，矛盾更为凸显。1993 年稻谷的总产量为 17 751 万吨，不仅低于 1989 年～1992 年 4 年间的任何一年，甚至比 9 年前的 1984 年的产量还低 75 万吨。与 1984 年相比，到 1993 年全国总人口增加了 13.57%，而在这 9 年之中，稻谷总产量不增反降，减产了 0.42%。随着供求矛盾的累积，尤其是 1993 年稻谷减产幅度过大，供求关系陡然紧张，由此造成了 1993 年晚稻上市后稻谷的市场价格率先陡涨，进而引起其他粮食品种价格的相继攀升。中国稻谷生产的 90% 集中在南方各省区，近年来，这些地区随着工业化和城市化的迅速发展，水稻种植面积减少较多；而每年都有几千万民工涌入，一方面稻谷的需求加大了，另一方面稻谷的供给又减少了，使稻谷的供求矛盾进一步加剧。1993 年末，中国稻谷价格上涨就是先由南方开始，然后迅速波及全国。

农业生产成本不断提高，政府不得不较大幅度地提高粮食收购价格。1994年与1990年相比,粮食收购价格实际上增长了46.4%,而同期农业生产资料价格上了涨60%以上。1994年,政府不得不较大幅度地提高了粮食的收购价格。四种粮食(小麦、稻谷、玉米、大豆)的定购价格比上年平均提高了4.4%。

粮食的大量出口对国内粮食价格的上涨起到了推波助澜的作用。1987年到1991年的5年间,中国平均每年净进口粮食800万吨左右,占总产量的2%左右;1992年变成净出口189万吨,1993年进一步净出口783万吨,也占当年总产量的2%。从净进口2%变为净出口2%,这使得国内可获得的供给量总共减少了4%。中国由于粮食的商品率低,仅为1/3左右,因此,4%的进出口数量变化相当于13%的商品供给量变化,即市场供给量减少13%。由于粮食需求的弹性很小,仅此因素就足以引起价格的剧烈上涨。1994年粮食的总出口量仍高达1 302万吨,净出口量为398万吨。这是1995年初粮食价格进一步上涨的重要原因。在国内市场需求旺盛、价格大幅度上涨的情况下,中国仍然在大规模地出口粮食,这是因为政府出口企业的国内收购成本价格不是国内的市场价格,而是国家定购价格。由于国内定购价格较低,低于国际市场价格,所以出口企业的出口积极性很高。

1994年以来,一些地区对粮食市场实行封锁,加剧了局部地区农产品的供求矛盾。1994年,政府动用了1 500万吨储备粮投放市场,对平抑粮价未产生明显的作用。主要原因在于:政府储备粮的质量难以和私营商业相比,投放市场后,难以起到平抑市场粮价的作用;而且,国有粮食企业由于商业性经营与政策性业务集于一身，也很难有效行使调控市场的职能。粮食流通环节客观上存在着混乱，大批私商蜂拥农村，抢购粮食，哄抬粮价，国有粮食企业非但没有积极入市抛售粮食，以增加市场供给，相反却逆向操作，一方面跟着私营商业抬价收购，另一方面又趁机提价销售。

面对市场粮价的大幅度上涨，为了稳定粮食市场，政府对粮食购销政策又重新做了部署。1993年底确定的"保量放价"的政策未能实行，粮食购销从1994年开始实际上又恢复了"双轨制"。

1994年5月，国务院发布了《关于深化粮食购销体制改革的通知》，规定继续坚持政府定购，并适当增加收购数量。除定购5 000万吨粮食落实到户外，还下达了4 000万吨议购计划，落实到县级政府。销区粮食批发企业必须到产区县以上粮食批发市场采购，不得直接到产区农村向农民收购粮食。

这意味着从收购到批发恢复由国有粮食部门统一经营。上述政策的目标是确保国有粮食企业能掌握70%~80%的商品粮。政府恢复了粮食定购价格的规定，但定购粮食以外的粮食仍随行就市，市场收购。

1994年在执行上述政策过程中，出现了一些问题。一是按中央的政策，5千万吨属国家定购任务，按以前的办法落实到农户，另外4千万吨由政府粮食部门在市场上收购，但不少地区在执行过程中把后一个部分也作为硬性任务，分解到农户。二是由于粮食国家定购价与市场价差距较大，农民对交定购粮有一定的抵触情绪，一些地方政府为了保证完成收购任务，采取了封锁市场的做法，限制本地区粮食外流。

1995年,粮食购销政策仍实行"双轨制",即在保证政府能够稳定地掌握一定数量的粮食,以稳定粮食供给的前提下,放开粮食市场购销。但政府重申了议购粮食应随行就市,不允许"二次定购"。

1995年,粮食购销体制改革另一个重要举措是实行"米袋子"省长负责制,中央要求各省、自治区、直辖市自求粮食平衡,负责本地区粮食总量平衡。"米袋子"省长负责制的主要内容为:一是保证稳定粮田播种面积;二是提高单产,增加粮食总产;三是负责收购掌握70%~80%的商品粮源;四是建立和管理地方储备粮;五是建立和管理粮食风险基金;六是负责完成地方进口粮任务;七是安排好当地粮食市场,确保供应,稳定粮价;八是负责组织省际粮食调剂。中央政府则集中主要力量搞好全国粮食市场的宏观调控,对全国粮食总量平衡负责。其主要内容为,一是管好国家储备粮,主要用于解决按规定认可的重大自然灾害和平抑全国性的市场粮价波动;二是控制和管理粮食进出口;三是协调组织和帮助各省进行余缺调剂。

由于1995年粮食丰收和净进口较多,国内粮食供给较为充足,1996年粮食丰收后局部地区出现了收购不力、价格下跌、调销不畅的现象。首先,粮食部门库容紧张。1996年8月,粮食部门政策性库存比上年同期增加762万吨,增加27.6%;商业性库存比上年同期增加1 175万吨,增加36.6%。这些库存占用了大量的库容和资金,给秋粮的收购带来困难。据估算,1996年粮食收购工作完成后,国库外存粮可能达到2 700万吨,而农民手中也有

2 000万吨~2 500万吨可售存粮。其次,市场粮价下跌。多年来,市场粮价一直高于定购粮价。1996年定购粮价格提高后,已基本接近1995年的市场粮价。但从1995年9月以后,国内市场粮价就开始回落。进入1996年,尤其是丰收后,价格下跌得更明显。而在部分粮食产区,部分品种市场粮价下跌的幅度更大,甚至降到定购价以下。粮食价格的定购价和议购价格"倒挂",不仅影响了收购,也影响了农民现金收入的增加。最后,粮食调销不畅。长期以来,在粮食调销中形成了产区"卖落不卖涨"、销区"买涨不买落"的心理,这种心理加剧了市场的波动。1996年,部分产区粮食积压,急于出售,但由于市场价格下跌,销区并不急于购进。此外,1996年部分销区粮食也获丰收。1996年初,国家曾从东北组织200万吨玉米调往销区,销区的粮食供需紧张状况已大为缓解。另一个因素是定购价与市场价持平甚至"倒挂"。以往销区可从产区平价购进、在销区议价销出,但由于销区市场粮价也下降,粮食部门难以赚到足够的价差,因而调粮的积极性也不高。

1996年,我国粮食流通的状况再次表明,现行的粮食流通体制已不适应农业发展的要求,必须尽早、彻底改革;而且1996年粮食丰收也为这项改革提供了难得的契机。这时,改革粮食购销体制的呼声再次高涨起来。

然而,1997年粮食流通体制的全面改革并未提到政府的日程上来。针对1996年粮食丰收尤其是1997年夏粮再获丰收以后出现的新情况,1997年7月,国务院明确规定,国家定购粮仍按1996年确定的定购价收购,而议购粮按保护价敞开收购,保护价就是国务院确定的定购基准价。政府要求全国粮食部门敞开收购、常年收购、不拒收、不限收、不停收，不压级压价，不打"白条"。对于国有粮食部门敞开收购、正常销售后的超储粮，国家补贴仓储费和利息，所需资金从中央和地方共同建立的粮食风险基金中支付。由于采取了这些措施，1997年中国粮食储备达到历史最高水平。

这些政策调整对于缓解"卖粮难"，保护和调动农民的生产积极性起到了一定的作用，但现行粮食购销体制暴露的问题却日益突出，特别是国有粮食企业巨额亏损挂账问题，成为"粮改"的直接原因。

在这种粮食流通体制下，政府要求国有粮食部门掌握市场粮源的大部分，而国有粮食部门既要负责完成国家定购粮的收购和市场议购，还要负责粮食的储备和相当部分的库存，国有粮食部门的商业性经营和政策性经营仍未彻底分开。由于承担过多的职能，加上队伍庞大（有400多万人），经营单一，国有粮食部门的亏损急剧增加。在粮食风险基金机制尚不健全的情况下，这也给财政以及银行带来了沉重包袱。粮食企业经营亏损使地方财政背上沉重负担，特别是一些主产区粮食企业亏损数额越积越多，地方财政更难以应付。

这种粮食流通体制迫切需要改革，再拖下去问题会更多，矛盾会更尖锐，改革的难度会更大，付出的代价也会更大。这种体制已越来越不适应社会主义市场经济的要求，到了非改不可、不改不行、刻不容缓的关头。

(三)以"三项政策""一项改革"及"四个分开"为主要内容的粮食流通体制改革(1998—2003年)

1998年5月19日国务院下发了《关于进一步深化粮食流通体制改革的决定》,发起了新一轮粮食流通体制改革。朱镕基同志曾在1997年1月13日的中央农村工作会议上指出,"目前我国粮食购销方面出现的问题,在很大程度上是由于粮食流通体制不顺造成的,""粮食流通体制已经到了非改不可、不改不行的时候了。"他在1997年12月11日的中央经济工作会议上进一步指出,"我们现在的粮食储备是历史上最高的,资金负担压得我们受不了。说老实话,我们为粮食付出的代价太大了,但是不付出这个代价怎么办呢?将来没有粮食,万一发生灾荒,整个经济都要动摇啊。还是把它当成一个愉快的负担吧!当然,这个体制要改革。""从1993年加强宏观调控以来,应该说中央的粮食政策是完全正确的,因此才有今天粮食储备大大增加、粮食价格下降的局面。但另一方面,我们也付出了很大的代价,就是粮食企业的亏损,1991年前的亏损挂账加上这几年新增亏损,总共亏掉1 100多亿元了。所以,这个体制再不改不行了。"他在1998年4月29日全国粮食流通体制改革工作会议上再次强调,深化粮食流通体制改革势在必行,"现在的问题是粮食企业的亏损在银行挂账严重,国家付出代价太大,不堪重负。""之所以付出这么大的不必要的代价,归根到底是个体制问题。""现行粮食流通体制的根本问题在于:中央拿资金,地方管企业,敞开花钱,吃'大锅饭'。这个体制再也搞不下去了!"

朱镕基同志认为,国有粮食体系的改革要遵循"四分开一完善"的原则,即政企分开,中央与地方责任分开,粮食储备与经营分开,新老财务账目分开,完善粮食价格形成机制。他在1998年6月3日召开的全国粮食购销工作电视电话会上进一步提出"三项政策""一项改革"。"三项政策",即按保护价敞开收购农民的余粮,国有粮食收储企业实行顺价销售,农业发展银行的粮食收购资金封闭运行。"一项改革",即加快国有粮食收储企业自身的改革。这是新一轮粮食流通体制改革的主要内容。

"三项政策"的初衷是要坚决保护农民利益。朱镕基同志在1997年7月11日的全国粮食工作会议上说,"我国人口的主体是农民,如果10亿农民的利益得不到保护,经济就不能发展,政权就不会巩固,社会就难以稳定。""如果搞得农民不种粮食,连饭都吃不上,那个时候国家会是个什么样子?!""三项政策"的设计是非常精巧和严密的。它们环环相扣,不执行敞开收购,粮源流失,就不可能做到顺价销售;购入的粮食不能顺价销售,必然增加亏损挂账,资金封闭运行也就成了空话。从这项改革政策实施的情况看,按保护价敞开收购农民余粮,保护了农民利益,调动了农民种粮积极性。但在改革进程中出现了一些突出的问题和矛盾,在政策的实际执行中,有1/3的粮食没能按保护价敞开收购,事实上形成了两个市场、两种价格,这就从整体上破坏了"三项政策"的落实。由于市场粮价继续下降,顺价销售很难完成,国有粮食购销企业库存逐年增加,加上地方财政困难,粮食风险基金不足,敞开收购也逐年打折扣。

"四个分开"改革是为了克服国有粮食系统存在的弊端。朱镕基同志在 1998 年 6 月 3 日的电视电话会上讲:"这次粮食流通体制改革,如果不换一批人,不撤一批人,不抓一批人,是很难取得成功的。不称职的就要换掉,问题严重的就要撤职,触犯刑律的就要抓起来,否则,粮食流通体制改革就搞不好。"从政策运行情况看,"四个分开"的改革目标短期内没有实现。"四个分开"涉及中央、地方、企业之间的利益关系,触及粮食流通体制的深层次问题,这一改革将是一个长期的目标,难以短期内一蹴而就。

国有粮食企业是我国粮食市场的主体,不仅控制着 70% 左右的产地初级市场(即收购市场),而且在销区零售市场上也占很大比重,在批发市场上更是一统天下,还承担着一定的政府职能,享受着特殊优惠待遇。国有粮食企业的体制性缺陷集中体现在政策性业务和经营性业务的混合不分上。在市场放开和政府宏观调控不力的情况下,粮食企业为了追求部门利益,一方面利用这一条件通过"议转平"转移经营性业务的市场风险,侵占国家财政补贴,造成财政补贴不堪重负,还通过银行挂账,造成财政金融关系混乱;另一方面又通过"平转议"而赚取额外的市场利润,不仅没能起到稳定市场、平抑粮价的作用,反而搅乱了粮食市场秩序。在 1993 年以后粮食抢购和价格暴涨时,国有粮食企业跟着私营商高价抢购粮食,甚至把国家为平抑粮价抛售的专储粮也拿去高价销售,而 1996 年下半年以来粮价持续下跌时,国有粮食企业不积极入市按保护价收购农民的余粮,反而亏本销售粮食。国有粮食企业的这种逆向操作,对加剧粮食市场波动起到了推波助澜的作用。

国有粮食企业改革滞后,是当时粮食流通体制的症结所在。其突出表现在以下两方面：一是政企不分。一方面，粮食行政管理部门直接参与企业经营，企业无法成为自主经营、自负盈亏、自我约束、自我发展的经济实体和市场主体；另一方面，国有粮食企业既从事商业性经营，又行使粮食管理职能，以政策性亏损覆盖经营性亏损，靠政府吃财政和银行的大锅饭，职工则吃企业大锅饭，缺乏搞活经营的内在动力和外部压力。二是粮食部门人员迅速膨胀，冗员过多。据统计，1978年全国粮食职工151.5万人，到1997年年底达到471万人（粮食系统现有职工317万人，离退休职工约100万人），18年中增加了265.5万人。其中仅"八五"期间就增加110万人，增长36%，大大高于其他行业。同期全国城乡从业人员增长12%，国有经济单位职工增长11%。事实上粮食企业已成为地方安排就业的重要途径。三是管理不善。企业内部管理粗放，粮食贷款和补贴资金管理漏洞多，损失浪费严重，违法乱纪行为突出。

真正实现政企分开，是国有粮食企业改革成功的前提条件。在市场经济条件下，企业的职能是追求利润最大化。如果政企不分而又让国有粮食企业行使政府调控市场的职能，就会出现或者市场无法稳定财政难以负担的状况。在政企分开的基础上，政府可通过适当的经济政策来稳定市场。不仅各个国有粮食企业要独立经营，打破地域界限，彼此竞争；而且应鼓励其他企业包括非粮食部门国有企业、农业生产企业及其他行业的民营企业在通过有关部门的资格审核后参与粮食流通。

为促进农业和粮食生产结构的调整，引导农民根据市场需求合理安排粮食生产，推动粮食流通体制改革顺利进行，2000年2月，国务院办公厅印发《关于部分粮食品种退出保护价收购范围有关问题的通知》，调整了保护价收购范围，放开了部分地区部分粮食品种的收购价格。从2000年新粮食上市起，退出按保护价收购范围的粮食品种包括：黑龙江、吉林、辽宁以及内蒙古东部、河北北部、山西北部的春小麦，南方早籼稻、江南小麦和长江流域及其以南地区的玉米。对国务院规定退出保护价收购范围的部分粮食品种，要拓宽粮食收购渠道，相关省份按照粮食省长负责制要求，结合当地实际制定具体实施办法。在对农业实行战略性结构调整的背景下，从2001年春开始，我国新一轮粮食流通体制改革首先从东部沿海的粮食主销区展开。2001年7月，国务院印发《关于进一步深化粮食流通体制改革的意见》，决定实施"放开销区、保护产区、省长负责、加强调控"的粮食流通政策。截至2003年底，全国已有14个省份粮食购销全部放开，7个省份部分放开，10个省份较大幅度缩小保护价收购范围，粮食流通体制改革不断推进。

（四）全面放开粮食收购和销售市场，实行购销多渠道经营（2004—2012年）

充分发挥市场机制在配置粮食资源中的基础性作用，实现粮食购销市场化和市场主体多元化成为新一轮粮改的首要目标。为进一步推动粮食流通体制改革，中央确立了粮改的原则：必须坚持有利于发展粮食生产，有利于种粮农民增收，有利于粮食市场稳定，有利于国家粮食安全。而改革的总体目标是，在国家宏观调控下，充分发挥市场机制在配置粮食资源中的基础性作用，实现粮食购销市场化和市场主体多元化；建立对种粮农民直接补贴的机制，保护粮食主产区和种粮农民的利益，加强粮食综合生产能力建设；深化国有粮食购销企业改革，切实转换经营机制，发挥国有粮食购销企业的主渠道作用；加强粮食市场管理，维护粮食正常流通秩序；强化粮食工作省长负责制，建立健全适应社会主义市场经济发展要求和符合我国国情的粮食流通体制，确保国家粮食安全。

2004年中央一号文件《中共中央国务院关于促进农民增加收入若干政策的意见》明确提出，要深化粮食流通体制改革，"从2004年开始，国家将全面放开粮食收购和销售市场，实行购销多渠道经营"，"加快国有粮食购销企业改革步伐，转变企业经营机制，完善粮食现货和期货市场，严禁地区封锁，搞好产销区协作，优化储备布局，加强粮食市场管理和宏观调控"。这标志着我国粮食流通体制改革取得新突破。2004年5月，国务院《关于进一步深化粮食流通体制改革的意见》提出，要转换粮食价格形成机制，"一般情况下，粮食收购价格由市场供求形成，国家在充分发挥市场机制的基础上实行宏观调控。要充分发挥价格的导向作用，当粮食供求发生重大变化时，为保证市场供应、保护农民利益，必要时可由国务院决定对短缺的重点粮食品种，在粮食主产区实行最低收购价格"。

在放开粮食市场的同时，国家从2004年、2006年起先后在主产区分别对稻谷和小麦实行最低收购价政策。2007年以来，先后对玉米、大豆、油菜籽、棉花、食糖等实行临时收储政策。根据制定这项政策的初衷，只有当市场价格低于最低收购价时，才按照最低收购价进行收购,并且收购有一定的期限性。

全面放开粮食收购市场以后,为支持主产区粮食生产和调动农民种粮积极性,建立了对种粮农民直接补贴的机制。从 2004 年开始实行"三补贴"政策(农民收入直补、良种补贴、农机具购置补贴),直接把财政对农业的补贴发放到农民手中。从 2006 年开始,在"三补贴"的基础上增加了农资综合直补,发展成为"四补贴",当年各项农业补贴资金就达 310.5 亿元。2007 年中央财政进一步加大了农业补贴的规模:农资增支综合直补资金达到 276 亿元,粮食直补资金达到 151 亿元以上,两项直补合计 427 亿元,占中央财政支农资金总量的 10% 以上,以 7 亿多农民计算,大概人均补贴 57 元。

从政策效果看,直接收入补贴政策效率优于价格补贴。国外价格补贴政策效率普遍不高,据 OECD 测算,发达国家价格政策补贴的效率仅仅为 25% 左右,即政府通过价格支持措施每拿出 1 元钱,农民所能获得的仅仅是 0.25 元左右。与价格补贴政策相比,农业直接补贴政策造成的效率损失更小,农民在直接补贴情况下获得的收益要高于价格补贴情况下的收益。从国外支持和保护农业政策的趋势看,世界各国农业保护政策由以价格支持为主的"黄箱"政策逐步向以直接补贴为主的"绿箱"政策过渡。其中,对农村生态环境的保护,已经成为各国政府对农民实行补贴政策的重要目标之一。

此外,国家还采取了以下措施:

实行重点粮食品种最低收购价政策。由于我国的粮食供求关系始终存在较大的不稳定因素,因此,在保证市场在资源配置中发挥基础性作用的前提下，政府也应充分利用价格信号引导农民发展粮食生产。为此，从 2004 年开始，国务院决定在粮食主产区对重点粮食品种实行最低收购价政策。这项政策既可以保证最大限度地发挥市场机制形成价格的作用，又可以调动农民种粮积极性，稳定和引导市场粮价，对于实现稳定增加种粮收益、促进粮食生产发展发挥了积极作用，受到种粮农民和主产区政府的普遍欢迎。2006 年中央财政支出 59 亿元，拉动粮价上涨 0.1 元 / 斤。

采取进出口和库存等粮食宏观调控措施。根据市场供求关系变化和粮食市场运行实况，通过调节进出口和国家库存，对粮食市场流通量实施了有效调控。2003 年四季度市场粮价剧烈上涨，当年粮食总产量锐减，库存下降。针对这种情况，2004 年上半年，国家加大了储备粮轮库、库存周转商品粮拍卖、东北地区粮食调运入关的力度，采取了增加进口、限制出口的措施。同时要求"产区保持 3 个月销量、销区保持 6 个月销量"，充实地方储备和库存。2004 年下半年以来，针对市场粮价从高点回落的情况，为防止粮价剧烈波动，先后采取了控制储备粮轮库、库存周转商品粮拍卖的节奏，放松或鼓励东北地区玉米出口，控制短缺粮食品种出口并适量增加进口，充实地方粮食储备。这些措施既及时抑止了粮价剧烈上涨，又有效防止了粮价趋稳后下跌，总体上达到了预期目的。

二、党的十八大以来粮食流通体制改革的新进展

2004 年以来，我国在全面放开粮食市场的同时，逐步建立了以

最低收购价和临时收储政策为核心的粮食等重要农产品收储制度。国家多次启动政策性收储，较大幅度提高政策性收购价格，在很大程度上调动了农民种粮积极性，对于促进粮食连年增产、增加种粮农民收入、确保国家粮食安全、稳定经济社会发展大局发挥了极其重要的作用，但也积累了一些矛盾、暴露了一些问题。

（一）推进农产品收储制度改革的必要性

一是市场发挥作用空间越来越小。面对农业生产成本持续攀升的现实，从2008年开始，国家相继较大幅度提高粮食、棉花和油料等大宗农产品政策性收购价格。2008—2014年连续7年提高稻谷和小麦最低收购价格，早籼稻、中晚籼稻、粳稻、小麦分别提高92.9%、91.7%、106.7%、71%。另外，玉米临时收储价格在2008—2014年从0.75元/斤提高到1.12元/斤，棉花在2011—2013年从19 800元/吨提高到20 400元/吨，大豆在2008—2013年从1.85元/斤提高到2.3元/斤，油菜籽在2009—2014年从1.85元/斤提高到2.55元/斤。

从实际执行情况看，政策性收购价格越来越高，最低收购价、临时收储价已演变为"最高收购价"，托市收购基本变成了"敞开收购"，临时收储变成了"常态收储"，直接导致粮食政策性收储规模越来越大。由于最低收购价和临时收储价格由国家制定，政策性收购价格不断提高且高过了市场价格，执行收购的主体单一，小麦、稻谷、玉米市场实际上变成了"政策市"，导致各类市场主体预期发生改变，都不愿意入市，市场发挥作用空间越来越小，这就背离了"托底收购"政策设计的初衷。

二是粮食库存暴涨压力前所未有。由于未能形成多元市场主体入市收购格局，每年上市的粮食高度依赖政策性收储来消纳。尤其是政策性收储价格高于市场价格，长期托市收购给国家粮食仓储和国有粮食收购企业顺价销售和拍卖带来较大困难，从而导致粮食库存压力不断增大，面临"销不动、储不下"的困境，不仅粮食收购、保管和利息等费用不断增加，而且仓储建设投资、新陈价差损失、调运补贴等支出也大幅增长。粮食库存量过大，导致了粮食资源利用效率极低，粮食超期储存和浪费现象严重，国家用于收储的费用补贴居高不下，财政不堪重负。这不仅带来每年不菲的保管和利息费用，还意味着粮食潜在品质损耗及库存挂账亏损压力不断累积，特别是高价进、低价出的风险加大，潜亏的风险不断增加。

与此同时，中储粮总公司"小马拉大车"的情况越来越突出。实际上，2000年中储粮总公司成立时，其职能定位是受国务院委托，"具体负责中央储备粮的经营管理"，"对中央储备粮的总量、质量和储存安全负总责"，同时接受国家委托执行粮油购销调存等调控任务。2004年以来，随着稻谷、小麦、玉米相继实施大规模托市收储政策，中储粮总公司的功能从"中央储备粮"向"政策性粮食"大大拓展，成为最低收购价和临储政策的执行主体，政策性粮食规模远远超出中央储备粮实际仓储能力，长期超负荷运转。

三是国内外市场粮食价格明显倒挂。这些年，全球粮食总体供大于求，价格呈下行趋势。国内粮食收购价格则逐年抬升，与国际市场粮价相背而行，国内粮价已全面高于国际市场进口粮食到岸价格，形成国内外价格倒挂局面。从 2010 年开始，我国粮食价格已经全面高于国际市场离岸价格；到 2013 年，全面高于配额内进口完税价格；到 2015 年 3 月末，国产小麦、大米、玉米收购价格分别比同品种配额内到岸完税价格高出 700 元/吨、810 元/吨和 900 元/吨（小麦、大米、玉米配额内关税率为 1%），大豆价差更高达 1 600 元/吨。国内外粮食价格倒挂，导致高粱、大麦、木薯、玉米酒糟（DDGS）等非配额管理的玉米替代品进口猛增。从 2013 年至 2016 年，进口到我国的玉米及其替代品多达 10 008.5 万吨，在很大程度上挤占了国内玉米市场，出现"国粮入库、洋粮入市"。大麦、高粱进口继续激增，2015 年分别达到创纪录的 1 070 万吨、1 069 万吨，同比增长 98%、85%。木薯（包括木薯干和木薯淀粉）、玉米酒糟进口也在不断增加，分别达到 1 099.7 万吨、682.1 万吨，同比增长 5%、26%。2015 年玉米替代品进口 3 575 万吨，2016 年进口 2 237 万吨，下降 40.4%。玉米及其替代品进口激增的原因主要是国内外玉米价差大，且玉米进口存在关税配额限制，玉米下游加工及饲料企业纷纷进行调整，转而使用没有配额限制的玉米替代品。另外，这些年农产品走私呈现规模化专业化特征，大米、食糖、生猪等走私案件明显增多，并出现水路向陆路转移等新趋势。

四是粮食作物种植结构出现失衡。东北地区玉米临储政策实施期间，全国玉米面积增加近 1.3 亿亩，增幅近 30%，"镰刀弯"地区的非优势产区玉米种植大幅增加，产量低而不稳，越区种植现象越来越严重。2008—2015 年，东北四省（区）玉米种植面积从

16 112万亩增加到23 168万亩，8年间增加了7 056万亩，增幅达43.8%。而同期东北四省（区）大豆种植面积从8 014万亩锐减到4 799万亩，减少了3 215万亩，减幅达40.1%。黑龙江作为全国第一粮食大省，大豆种植面积呈现萎缩趋势，2008年玉米和大豆种植面积大致相当，分别为5 391万亩和6 055万亩；到2015年，玉米种植面积攀升至8 732万亩，增加了3 341万亩，大豆种植面积减少到3 601万亩，减少了2 454万亩，减少40.5%。为什么出现东北农民弃（大）豆种（玉）米的现象？显然是种植玉米更有利可图。由于玉米临时收储价格持续刚性提高，改变了粮食之间合理的比价关系，使得种玉米的比较效益显著超过大豆，作物种植结构失衡，边际产能过度利用，农业资源错配现象凸显。据测算，2008年玉米和大豆亩均现金收益比为1.2∶1，到2014年上升到2.1∶1，导致国内大豆种植面积锐减，大豆供给减少。

（二）农产品收储制度改革取得重要进展

党的十八大以来，党中央把深入推进农业供给侧结构性改革作为当前和今后一个时期我国农业政策改革和完善的主要方向，做出粮食等重要农产品价格形成机制和收储制度改革的重大部署。调整完善粮食购销政策的基本考虑是，实行粮食价格改革和农业补贴改革联动，健全粮食价格形成机制、粮食宏观调控机制和农业补贴制度，放活粮食市场，切实保障种粮农民利益，保护好粮食综合生产能力，实现粮食供需总量和结构动态长期平衡，确保国家粮食安全。

一是深化新疆棉花目标价格改革。2011—2013 年棉花临储价格分别为每吨 19 800 元、20 400 元、20 400 元。由于全球棉花价格持续低迷，我国成为国际棉花价格"高地"，巨大的国内外价差驱动棉花和棉纱进口激增，下游纺织企业普遍经营困难，国储棉库存严重积压，造成了沉重的财政负担。

2014 年，中央决定全面取消棉花临时收储政策，在新疆启动了为期三年的棉花目标价格改革试点。主要做法是政府根据生产成本加基本收益，确定并提前公布棉花目标价格水平，当收购期棉花市场价格低于目标价格时，按照二者价差给予棉农补贴，保持种植收益基本稳定。2014—2016 年，新疆棉花目标价格分别为每吨 19 800 元、19 100 元、18 600 元。棉花目标价格改革取消了政府定价，棉花购销随行就市，价格完全由供求规律决定，国内外价格联动性进一步增强，国内外棉花价差大幅缩小。在库存高企、供需宽松的基本面下，国内棉花价格由改革前的每吨 19 460 元降至 2016 年 6 月的 12 596 元低点，逐步实现与国际市场接轨。新疆实行目标价格改革试点后，2014 年、2015 年、2016 年棉花亩均纯收益分别达到 475 元、188 元、430 元，棉农收入得到基本保障。在这三年改革期间，新疆纺织企业的用棉成本下降在 20%—40% 左右，纺织服装产业固定资产投资超过新疆 1978 年至 2013 年 35 年的投资总和，全疆纱锭数量增长近一倍，服装产能提升近 4 倍，企业数量从 560 家增长到 2 083 家，新增加就业岗位 29.13 万个，棉花全产业链得以激活。

2017 年，在全面总结评估三年试点经验的基础上，在新疆正式实行棉花目标价格补贴政策，并进一步完善目标价格确定机制，合理确定定价周期，调整优化补贴方式。棉花目标价格由一年一定改为三年一定，2017—2019 年棉花目标价格水平保持每吨 18 600 元，补贴政策由"黄箱"转为"蓝箱"，对新疆享受目标价格补贴的棉花数量进行上限管理，超出上限的不予补贴。在前三年深化棉花目标价格改革的基础上，2020 年起在新疆完善棉花目标价格政策，棉花目标价格水平为每吨 18 600 元，同步建立定期评估机制，每三年评估一次，视情况调整目标价格水平。全国棉花生产稳定发展，2019 年棉花产量达到 588.9 万吨，处于 2015 年来的较高水平，其中新疆产量占全国的 84.9%，生产区域布局进一步向新疆集中。

二是取消玉米临时收储政策，实行"市场化收购"加"生产者补贴"新机制。2008 年国家建立了重要农产品临时收储制度，对玉米、大豆等实行临时收储政策，稳定玉米、大豆生产，保障农民合理种植收益。

2010—2013 年玉米临时收储价格连续四年上升，从 0.75 元/斤提高到 1.12 元/斤。2014 年玉米临时收储价格保持稳定，2015 年价格小幅下调至 1 元/斤。在实际执行过程中，玉米临时收储逐渐演变成固定收储，收储价格的连年提高客观上造成了市场价格信号扭曲，国内外价格倒挂，导致生产量、进口量、库存量"三量"齐增。2015 年玉米每吨国内价格比进口到岸完税价高出 778 元，全年进口玉米 472.8 万吨。2015 年底全国玉米库存高达 2.5 亿吨。玉米价格长期居于高位，也严重影响了畜牧养殖和玉米加工业发展。2016 年国家决定取消玉米临时收储政策，在东北四省（区）实行"市场化收购"加"生产者补贴"新机制。实施玉米收储制度改革，守住了不出现"卖粮难"和保障农民基本收益两条底线。玉米从2013年7月开始出现国内外价格倒挂，每吨差价最大达到1 000元，到2017年1月进口玉米价格优势不再显现，玉米替代品进口明显减少。随着玉米价格回归市场，玉米上下游产业链明显复苏，饲养业开始扩容，大型饲料企业和养殖企业纷纷在东北地区加速布局，玉米加工企业经营效益明显改善，整个玉米产业的综合效益和竞争力明显提升。东北地区农业资源配置结构逐步调整优化。2016年东北四省（区）玉米面积比上年调减了1 655万亩，大豆增加了949.8万亩。黑龙江省玉米调减了905万亩，尤其是第四、第五积温带等非优势区籽粒玉米减少，水稻、大豆、小麦、马铃薯、杂粮杂豆、饲草饲料和经济作物面积普遍增加。改革后的玉米购销市场总体平稳，满足了农民售粮需求。在当年市场价格水平下，加上玉米生产者补贴，农民还是有账可算的，玉米种植收益基本保持稳定。2019年全国玉米播种面积6.19亿亩、接近2013年水平，玉米产量2.6 075亿吨、连续5年保持在2.5亿吨以上。

大豆由临时收储到目标价格补贴再到生产者补贴。2008—2012年连续五年提高大豆临时收储价格，由1.85元/斤提高到2.3元/斤，2013年保持稳定。2013年大豆每吨国内价格比进口到岸完税价高出412元，全年进口大豆6 340万吨。2008—2013年，从大豆临时收储及抛售拍卖情况看，每年有500万吨左右临时收储大豆积压在库。2014年，中央决定取消大豆临时收储政策，开展大豆目标价格改革试点，设定了4 800元/吨的目标价格。当市场价格低于目标价格时，中央财政对价格差额给予补贴。由于市场价格采集困难、政策操作成本较高、实施效果不理想，2017年，中央将东北四省（区）大豆目标价格政策调整为"市场化收购＋生产者补贴"政策。2019年中央一号文件提出，要"实施大豆振兴计划，多途径扩大种植面积"。2019年全国大豆播种面积增加1 382万亩、达到1.40亿亩，大豆产量增至1 810万吨，达到新中国成立以来的最高水平。

三是完善稻谷和小麦最低收购价政策。稻谷最低收购价政策从2004年开始实行，早籼稻、中晚籼稻、粳稻最低收购价连续4年分别稳定在0.70元/斤、0.72元/斤、0.75元/斤。2008—2014年，稻谷最低收购价格连续7年逐年提高，2014年早籼稻、中晚籼稻、粳稻最低收购价分别为1.35元/斤、1.38元/斤、1.55元/斤，比2008年分别提高92.9%、91.7%、106.7%。2015年稻谷最低收购价格保持稳定。2016年首次下调早籼稻最低收购价，每斤降0.02元，改变了最低收购价"只升不降"的做法。2017—2018年稻谷最低收购价连续两年全面下调。其中，2017年早籼稻、中晚籼稻、粳稻每斤分别降0.03元、0.02元、0.05元，2018年早籼稻、中晚籼稻、粳稻每斤分别降0.10元、0.10元、0.20元。2019年稻谷最低收购价保持稳定，早籼稻、中晚籼稻、粳稻最低收购价分别为1.20元/斤、1.26元/斤、1.30元/斤。我国稻谷自给有余，2019年全国稻谷播种面积4.45亿亩、产量2.096亿吨，稻谷产量与2014年基本持平，连续9年保持在2亿吨以上。

小麦产需平衡略有余，库存压力和进口冲击程度在三大主粮中最低。小麦最低收购价政策从 2006 年开始实行，白麦、红麦、混合麦最低收购价连续两年分别稳定在 0.69 元 / 斤、0.72 元 / 斤、0.72 元 / 斤。2008—2014 年，小麦最低收购价连续 7 年稳步提高，2014 年达到 1.18 元 / 斤，比 2008 年提高了 71%；2011 年由于最低收购价低于市场价格，小麦最低收购价政策未启动。2014—2017 年，小麦最低收购价保持每斤 1.18 元不变。2018—2019 年，连续两年下调小麦最低收购价格，到 2019 年降至 1.12 元 / 斤。2019 年全国小麦播种面积 3.56 亿亩、产量 1.336 亿吨，为历史上第二高产年，连续 5 年保持在 1.3 亿吨以上。

为保障国家粮食安全，切实保护种粮农民利益，2020 年，国家继续实行并进一步调整完善稻谷、小麦最低收购价政策。其中，早籼稻、中晚籼稻最低收购价比上年每斤提高 1 分钱，粳稻和小麦保持上年价格水平不变。同时，国家对稻谷和小麦实行提前"限定收购总量"政策，其中限定最低收购价稻谷收购总量为 5 000 万吨（籼稻 2 000 万吨、粳稻 3 000 万吨），限定最低收购价小麦收购总量 3 700 万吨。具体操作上，分两批次进行，第一批数量为限定收购量的 90%，原则上实际收购量应不超过第一批次收购量，不分配到省；第二批数量为限定收购总量的 10%，视收购需要具体分配到省，当收购量达到本省批准数量时，立即停止该省最低收购价收购且不再启动，由多元市场主体开展市场化收购。财政资金支持限于最低收购价政策下的最高收购总量内，对收购进度加强动态监测，强化市场监管，规范粮食流通市场秩序。

（三）农产品收储制度改革积累的经验成效

实践证明，党中央、国务院确定的农产品收储制度改革的方向和路径是完全正确的，各项改革方案设计科学合理、符合实际，积累了宝贵经验。

一是坚持底线思维，把保障国家粮食安全和农产品有效供给作为改革的根本前提。习近平总书记强调，推进农业供给侧结构性改革，必须守住确保粮食生产能力不降低、农民增收势头不逆转、农村稳定不出问题的三条底线。在推进粮食收储制度改革过程中，我们始终从全局着眼，把巩固提升粮食产能放在首要位置，注重做到让种粮农民基本收益不受损、种粮积极性不减弱、地方抓粮积极性不放松。历史经验表明，一旦粮食生产出现大的滑坡，几年甚至十多年都缓不过来。守住"谷物基本自给、口粮绝对安全"这个粮食安全的底线，农产品收储制度改革才会顺利推进，才能为稳定经济社会大局赢得主动。

二是坚持市场化改革取向和保护农民利益并重，协同发挥市场和政府"两只手"作用。推进农产品收储制度改革，一方面，要坚持市场化改革的大方向，使价格真正反映市场供求关系，激活市场；另一方面，要完善对农民的支持补贴制度，保护农民利益。"市场定价、价补分离"是农产品收储制度改革的方向。虽然玉米和棉花收储制度改革的具体操作方式不同，但都体现了"市场定价、价补分离"这一基本要求。东北地区玉米收储制度改革，采取的是市场化收购加补贴的机制，保障了农民的基本收益。新疆棉花目标价格改革，按照"生产成本＋收益"的定价原则，改进补贴方式，保障棉农基本收益。农产品收储制度改革的成功实践表明，推进市场化取向的改革，使市场在农业资源配置中起决定性作用的同时，必须更好地发挥政府作用，始终保护好农民利益，使参与改革的最大群体基本满意，不能让农民单方面承担改革成本，这是顺利推进改革的根本保障。

三是坚持分品种施策和渐进式推进的改革路径，统筹把握好改革的时机、节奏和力度。考虑到供需结构、重要程度、区域布局、产业特点等方面的差异，必须对不同农产品采取与之相适宜的改革方式。新疆棉花实行的是目标价格改革，东北玉米实行了市场化收购加补贴新机制，而像稻谷、小麦这样的口粮品种，则需要更加审慎稳妥推进改革。农产品收储制度改革涉及面广、参与主体多、利益关系复杂，改革不能一蹴而就，必须渐进式推进。同时，改革的过程也是政府、企业、农民等各方主体适应的过程，考虑到市场形势和各方面承受力，必须统筹把握好改革的时机、节奏和力度，既要立足当前，解决好面临的突出问题，又要着眼长远，着力从体制机制上破解深层次矛盾，实现平稳过渡。

四是坚持着眼于整个产业链打好"组合拳"，把提高农业综合效益和竞争力作为重要目标。农产品收储制度改革涉及农产品生产、收储、加工、贸易、消费等多个环节，从表象上看，要解决的矛盾集中在收储环节，但问题的实质是整个产业链丧失市场活力。推进农产品收储制度改革，必须要通盘考虑产业链各环节的相互影响，理顺各环节间的供求关系，着力激活产业链。改革的成功经验表明，只有综合运用财税、金融、贸易等经济手段和必要的行政措施，统筹协调产业链各环节，推动优化生产结构、疏通流通渠道、发展加工产业、加强进口引导、挖掘消费潜力，形成政策合力，才能系统性增强农业的综合效益和竞争力。

三、进一步完善粮食价格形成机制和收储制度

当前，在全球粮食生产和市场不确定性加大以及国内农民种粮效益持续下滑的形势下，粮食政策必须坚持稳字当头，确保粮食稳产保供和市场平稳运行。下一步，完善粮食价格形成机制和收储制度，必须坚持问题导向，稳中求进，分步实施，加快推动解决粮食流通深层次体制问题，以更好发挥市场机制作用为取向，逐步构建新型农业补贴政策体系，注重价格调整与直接补贴同步衔接，确保种粮农民的基本收益有保障。

一是完善稻谷和小麦最低收购价政策。目前，对稻谷、小麦收储政策怎么改还是有分歧，现在有两种观点。一种观点主张，保留托底收购政策框架，继续实行最低收购价政策，按照稳定政策框架、增强政策弹性的思路，合理调整最低收购价水平，适时缩小政策执行范围，打好改革组合拳。另一种观点主张，借鉴玉米收储制度改革经验，按照"市场定价、价补分离"的思路，取消最低收购价政策，同步建立生产者补贴政策，实行"市场化收购＋生产者补贴"制度，以保证农民的基本收益，稳定粮食产量。

棉花、玉米收储制度改革经验也表明，一味推后改革，只会

使资源配置扭曲越发严重,各类矛盾和风险积累越深,到非改不可时,改革的转圜余地就很有限了。应按照"分品种施策、渐进式推进"的改革思路,积极稳妥谋划好稻谷、小麦价格形成机制和收储制度改革,正确处理好粮食收储中政府与市场的关系,确保农民有合理的种粮效益和稳定的预期,守住口粮绝对安全的底线。从近期看,要完善粮食最低收购价政策框架,切实发挥政策托底功能,继续释放重农抓粮的积极信号,确保粮食稳产保供不出闪失。从中长期看,要逐步增强最低收购价政策的弹性、灵活性和适应性,分类有序推进稻谷、小麦价格形成机制和收储制度改革,深入开展优质优价促进行动,探索整合各类生产者补贴政策并建立综合收入补贴制度,提高粮食质量效益和竞争力。

二是探索构建多层次新型粮食储备体系。中储粮总公司的职能要尽快收缩到具体负责中央储备粮的经营管理,对中央储备粮的总量、质量和储存安全负总责上来,充分发挥中储粮垂直体系现代仓储物流服务国家粮食安全和宏观调控的作用。要科学合理确定粮食国家储备规模,合理确定战略储备、调节储备和企业商业周转储备的功能。战略储备是国家在特殊时期和特殊条件下救灾、救急的粮食,在平时不能动用。调节储备主要是通过吞吐来调控粮食供求。周转储备在很大程度上是通过季节差价或地区差价套利的一种商业行为,应该由企业或其他市场主体承担,应该把周转储备放给市场,避免政府过度干预。

三是深入推进解决粮食流通深层次体制问题。要加快推动地方国有粮食企业战略性重组。前一轮国有粮食企业改革主要是解决了"三老"(老人、老粮和老账)问题。在这个过程中,地方国有粮食企业逐步建立了新的经营机制。当前,在粮食收储制度改革不断深化背景下,地方国有粮食企业自主经营能力不强的问题凸显出来,在市场化收购中的作用趋于弱化。地方国有粮食企业经营形式单一,依赖"收粮给国家、存粮挣费用",习惯于买原粮卖原粮,缺乏参与市场竞争的动力,自主经营能力显著退化弱化。目前,大多数地方国有粮食企业各自为政、画地为牢、单打独斗,力量分散,融资手段少、融资能力差,没有形成区域经营的整体合力,市场竞争能力较弱。

深化国有粮食企业改革的总体思路是,按照"产权清晰、权责明确、政企分开、管理科学"的现代企业制度要求,树立市场化经营理念,完善法人治理结构,以资产为纽带,着力推进国有粮食企业的联合和经营创新,切实增强粮食企业的市场竞争力。加快粮食行政管理部门职能转变。地方粮食行政管理部门与地方国有粮食企业事实上存在"政企不分"问题。随着粮食收储制度改革的深入推进,粮食收购将由过去的以政策粮收购为主转变为企业自主收购,粮食市场主体多元化,迫切需要转变粮食行政部门职能。政企分开是国有粮食企业改革的关键。在市场经济条件下,企业的职能是追求利润最大化。如果政企不分而又让国有粮食企业行使政府调控市场的职能,就会出现市场无法稳定或者财政难以负担的状况。在政企分开的基础上,政府可通过适当的经济政策来稳定市场。不仅国有粮食企业要独立经营,打破地域界限,彼此竞争;而且应鼓励其他企业包括非粮食部门国有企业、农业生产企业及其他行业的民营企业等依法参与粮食流通。

四是加快完善农业全球战略布局。加入WTO以来,中国农产品贸易规模持续扩大,2017年农产品进出口贸易总额首次超过2 000亿美元(达到2 013.9亿美元),是2001年的7.2倍,年均增速13.1%。2019年我国农产品进口额达到1 509.7亿美元,是2001年的13倍,年均增速15.3%。我国农业贸易体量巨大,已成为全球最大农产品进口国,进口额占全球农产品贸易额的1/10,大豆、棕榈油、食糖和棉花等产品,我国都是全球最大的买家。总体看,我国农产品贸易达到了相当规模,进口已不再限于品种间余缺调节,而是供给的重要来源。截至2019年,我国大豆的自给率已从入世初期的53%下降到17%,食用植物油自给率从74%下降到31%,食糖自给率从91%下降到69%,棉花自给率从99%下降到71%,乳制品自给率从95%下降到65%左右。在我国农业深度融入国际市场的背景下,不能不考虑国际市场因素,对于符合国内需求的紧缺品种,该进口的农产品要主动进口。

在世界经济形势复杂、贸易保护主义加剧、新冠肺炎疫情防控常态化的背景下,我国农产品贸易面临的不确定性明显加大,必须统筹运用好国内国际两个市场、两种资源,深入实施重要农产品保障战略,健全我国农业贸易政策体系,优化农业战略布局。主动扩大国内紧缺农产品进口,拓展多元化进口渠道,适时释放扩大进口信号,加强市场预期管理,积极应对国内外市场风险挑战,确保紧缺农产品进口安全稳定供给。加快推进并支持农业走出去，加强"一带一路"农业国际合作，培育一批跨国农业企业集团，提高农业对外合作水平。加强国际贸易政策协调，推动消除壁垒、畅通物流、稳定预期、支持多边贸易体制，共同维护全球农业与粮食供应链安全。

中国经济 50 人论坛丛书
Chinese Economists 50 Forum

第七章 疫情冲击下的全球经济与金融[①]

曹远征[②]

---

① 本文根据长安讲坛第 370 期内容整理而成。
② 曹远征,中国经济 50 人论坛成员、中银国际研究有限公司董事长。

全球疫情仍在肆虐，似乎还有反弹之势，讨论疫情冲击下的全球经济与金融这个问题对于判断全球经济形势以及中国经济发展都有重要意义。

一旦开始讨论这个问题，我们发现推进十分困难，因为在疫情冲击下全球经济与金融已经偏离了正常的轨道，依照惯常的趋势外推方式预测经济形势似乎失去了基础。人们做预测变成了逐月逐季甚至逐周滚动，并且用情景分析加以辅助，即将情景分为三种：最坏是什么样、最好是什么样、基准应该是什么样。即使如此，预测偏差仍然非常大。2020 年，预测中国经济第一季度 GDP 增长是 –6.8%，而 2019 年第四季度增长 6.1% 以上，两者相差近 13 个百分点。我研究中国宏观经济有四十多年了，从来没看到过这么大的季度波动幅度。但是作为职业经济学家，还必须得做这种预测，尤其是在商业一线的经济学家，得每天关注市场，为投资者分析产生这种现象的原因以及下一步的发展趋势。久而久之，我形成了一些新的逻辑、新的分析框架。我试图用这些新的分析方法来讨论疫情冲击下的世界经济。其中有三个问题非常重要：

第一，疫情对经济的影响机制是什么？怎样应对？

第二，在疫情冲击下，全球金融市场会发生什么？表现如何？

第三，中国经济重启的政策展望。

一、疫情对经济的影响机制及抗疫经济政策构建

（一）疫情内生于经济

疫情对经济的冲击究竟是外生的还是内生的？它只是一个冲击还是有不同类型？这个问题很重要，因为过去如地震等自然灾害带来的是外生冲击，外生冲击会导致危机。但是，外生冲击通常都是一次性的，冲击过去经济会平复，呈现为一个"V形"反弹，进而重回正常轨道。

与此相对应，还有一种危机是内生的，是经济社会矛盾运动所造成的。比如经济危机。它的特征是生产过剩，原因是市场的扩增低于生产的扩增，出现总需求不足，导致产品卖不出去。再比如金融危机。它的特征是某张资产负债表衰退引起全面资产负债表衰退，导致整个社会快速去杠杆。由于金融杠杆是最长的，所以它去杠杆的速度最快，这种危机就被称为金融危机。

内部社会矛盾引发的经济金融危机曾经频发，但是在过去一百

年中人们逐渐找出了应对它的办法。学习宏观经济学就是学习应对危机的办法。应对生产过剩危机，可以用积极的财政政策或宽松的货币政策来提高有效需求，进而发展成反周期的宏观调控政策。过去十年人们关注如何应对金融危机，应对杠杆的伸缩周期。通过逆周期操作、缓释资本、监管手段等种种宏观审慎管理办法，避免在艰难时期杠杆收缩过快，进而避免在经济扩张时期出现杠杆问题，形成全周期的宏观审慎监管政策。

但是这次疫情是全球性的公共卫生危机，这类危机是我们从来没有见过的。尽管病毒起源早于人类，人类出现以后病毒就一直伴随着人类，疫情始终与人类的成长过程形影不离。然而，过去的疫情都是在自然经济情况下发生的，因生产的社会化程度不高，疫情通常是区域性的，并且扩散较慢。这次疫情却是在经济全球化背景下发生的。疫情几乎在全球同时暴发，并相互传递，使各国同时共同面对公共危机，这是一种全新的危机形式。

此次公共卫生危机暴发，对经济产生了深刻的影响，因为它直接影响着劳动力生产和再生产的条件。在经济活动中，人是最基本最活跃的因素，劳动力生产、再生产是经济持续发展的源泉。过去这个条件是自然的、给定的、客观的，生儿育女、生老病死、家庭和谐、个人健康都是这样一个自然过程，跟经济活动的关系十分疏离或间接。如果说和经济活动有关系，就是用薪酬来维持劳动力生产、再生产的物质条件。如果薪酬够好，劳动力生产再生产就会自动涌现出来。换言之，每天你都来上班，等你老了你的儿子、女儿会接班，这是一个自然的过程。

但是这次新冠病毒的出现伤及生命，使人们突然发现，劳动力的生产与再生产并不能自然自动生成，需要人为干预即抗疫才能维持。这意味着病毒成为一个新的生产要素，内生于经济活动之中了，尽管这个要素贡献是负的。由此，抗疫政策自然变成经济政策。因为只有控制疫情才能维持劳动生产和再生产条件，经济社会才能正常发展，抗疫政策就因此成为最好的经济政策，这就是全球无一例外都选择抗疫的原因。与其他生态问题相比，比如气候变暖、碳排放等，也会对经济社会有影响，但是毕竟这些并不直接内生于经济，所以始终有争论，没有全球协调一致的立场。但是抗疫的立场却是全球基本统一的。

一旦抗疫内生于经济活动，制订抗疫政策时，我们发现它会与经济活动形成悖论。在疫苗和特效药没有出现之前，全世界最古老也是最好的抗疫办法就是隔离。但隔离与现代经济是矛盾的。因为，现代经济需要互联互通，尤其是在经济全球化时代，一旦隔离隔断，互联互通就无法保持，意味着经济必然会衰退。从这个意义上来说，衰退是抗疫政策的代价，抗疫越坚决，短期衰退程度就会越高。经济衰退对整个经济社会都带来了重大影响，进而必须要应对。

（二）抗疫模式和抗疫政策

1.抗疫的经济政策

应对经济衰退的传统办法，是采取宽松的货币政策、积极的财政政策。但是在疫情的背景下，传统政策对冲不了衰退，因为疫情是在供需两端同时冲击。从长期来看，停工停产对供给的影响大于对需求影响，而传统的宏观经济政策是用提升总需求来应对经济衰退，不能应对供给受到冲击引起的经济衰退。于是又出现了一个悖论，当疫情持续时间越长，供给下降的速度就越快，越需要宏观经济政策予以对冲，进而促使货币政策更加宽松，财政政策更加扩大，形成了宏观经济政策极度宽松但经济衰退又持续加重的棘轮现象。目前疫情还在持续中，全球宏观经济政策还在扩张中，但经济仍有衰退压力，并未出现趋势性好转的迹象。现在全球除了中国还是正利率，西方国家利率已经为零，欧洲甚至出现负利率。

这种政策极度宽松但是衰退依然加大的局面，证明了传统宏观经济政策应对疫情影响的无能为力，并引致了宏观经济政策的变形。变形的核心是不再试图提高总需求，不再试图刺激经济增长，而试图给经济社会铺一个安全垫，保留未来增长的种子，留下未来增长基础。这是一种以纾困为主的宏观经济政策。纾困的主要对象：一是社会中最困难的弱势群体；二是小微企业，这是未来经济增长的种子并且是最脆弱的种子；三是整个社会持续稳定发展的前提条件——民生。纾困政策就是要提供大量援助性的安排，让大家先活下去，期待疫情过了他们可以重新发芽，重新长大。

这个政策是扭曲的宏观经济政策，疫情持续越长，扭曲程度越大。由此可以看到抗疫经济政策的全貌。它以纾困为中心，分为三个部分：第一，抗疫。通过大量的公共卫生开支，筹措抗疫物资，这在疫情初期阶段表现特别明显。第二，纾困。第三，重建。随着疫情的结束，经济要重启。除了经济重启以外还有规则制度的重建。

这种抗疫经济政策假定疫情发展呈正态分布，政策呈现为抗疫、纾困、重启的阶段性变化。有正常状态就有非正常状态，假如疫情持续时间超过人们预期，政策安排不足以覆盖这么长时间，政策系统性就会丧失，协调性就会紊乱，出现头疼医头、脚疼医脚的局面。比如美国现在的政策就是这样，没有规划，政策已不具有连贯性。

2. 抗疫模式

疫情引领着经济表现，进而引领着经济政策的变化，但不同的政策会形成不同的抗疫模式，到目前为止全球大概有三种抗疫模式。

第一种，我们把它定义为区域阻断式或者空间遏制模式，主要是应用在东亚国家，尤其以中国为代表。当疫情还是在单点爆发时就果断采取隔断，比如说武汉1 000万人口规模的城市全部封城，避免疫情向全国蔓延，同时调动全国医疗资源支持武汉。东亚文化的特点是人命关天，再加上有集体主义精神，老百姓接受这种安排，疫情控制相对比较好。但是区域阻断也是有代价的，代价就是由于阻断得彻底，使经济突然不能连通了，经济下行速度非常之快。中国2020年第一季度经济下行是 –6.8%，是40年来季度下行幅度最大的。在某种意义上讲，幸亏中国控制住了疫情，一旦控制不住代价很大。

第二种，就是理论上的群体免疫模式，实践上的瑞典模式。这种模式已被事实证明行不通。群体免疫模式认为感染病毒无外乎有两种结果，痊愈或死亡。痊愈就具有了抗体，病毒就不可能再传播了；而死亡，病毒也不能传播了。当人群中具有抗体的人数达到一定比例，由于病毒难以再传播，剩余的人就不会受到感染威胁，群体免疫就形成了。瑞典强调抗疫自愿，自愿居家隔离、自愿戴口罩，不进行强制，但几个月以后发现无法控制住疫情。对比瑞典和北欧其他国家比如丹麦、芬兰、挪威，状况是冰火两重天。瑞典既没有控制住疫情，病死率又很高，同时经济开始下行。所以瑞典在五六月份宣布破产。现在欧洲和美国的疫情几乎处于失控状态，群体免疫的思潮又在抬头。这在某种意义上意味着放弃抗疫，选择群体免疫。有研究证明，群体免疫需要达到某种比例才有可能性，从瑞典的情况看，达到10%的群体感染率已经很困难了，要实现群体免疫需要很多年，更何况有证据表明，免疫抗体只能存在几个月，因为二次感染的病例已经出现。群体免疫究竟能不能成功本身就存疑。但采取这种模式，在疫情初期阶段由于没有彻底隔断互联互通，经济依然维持着正常状态，下行幅度不是很大，经济短期代价相对第一种模式较小，呈现为山雨未来之前的宁静，尽管是片刻的。

第三种，基本是全球主流的抗疫模式，可以把它总结为阶段性隔断模式或时间缓和模式。它的主要考虑是，不期望把病毒赶尽杀绝，即消灭疫情，只期望能把疫情高峰削平；不希望经济完全隔断，完全不互联互通，只期望经济活动还可以适度维持，由此减弱衰退的严重程度。这种缓和政策的安排是在时间轴上将抗疫过程拉长，并在拉长中求得病死率和经济代价之间的平衡。具体的做法是，哪个地方疫情严重了就封闭几天，缓解了再放开，欧洲现在也是这种模式。但是它的操作难点是，不好判断疫情轻重的程度，一旦发现疫情严重可能已经无法控制了。对政府的管控能力要求非常之高,通常表现出较大摇摆度的抗疫政策。反映在经济上,因经济短期波动不大,经济增长会呈现"L形",会有很平的底,似乎在一个时间点上衰退程度并不是很剧烈,但有可能持续缓慢下行。

在全球疫情持续蔓延情况下,大多数国家都开始采取这样一种时间缓和抗疫模式。图7.1显示,如果不采取公共卫生措施,也就是现有的隔离办法,那么疫情会处于一个高峰。这个高峰不仅对经济社会短期冲击大,而且会因冲击大而使经济脱轨,增加今后修复的难度。如果采取适当的公共卫生措施而不是隔离措施,是可以把高峰压下来,变成一个如图7.1中浅灰色的正态分布的曲线。在这种情况下,经济活动还是可以适度维持的,尽管避免不了衰退。与此同时,在疫情条件下的经济衰退,如果不使用宏观经济政策对冲,经济会类似于洪峰出现瞬间衰退高峰。制定宏观经济政策的目标就是把洪峰削平,把经济衰退控制在人们可以承受的范围内。

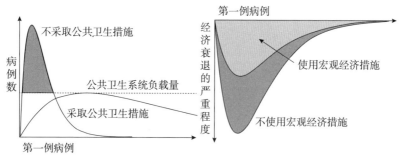

注:一旦缓和性的抗疫政策和缓和性的宏观经济政策成为常态,平滑(FLATTEN)构成抗疫政策的核心概念,其均衡点在于公共卫生系统负载量,尤其是ICU。

图7.1 时间缓和模式示意——生命代价和经济代价的权衡

把控制疫情的公共卫生政策和应对衰退的经济政策结合起来，就形成了抗疫经济政策，成为了一门新学问——疫情经济学。它是使用经济学关于均衡的逻辑，企图在病死率与经济衰退之间找到平衡点，这个点就是公共卫生负载量，具体体现为千人病床数。

表 7.1 是 2018 年 20 国集团中千人床位数。千人床位数最高的是日本 13.5 张，其次是韩国 11.5 张，其余都在 10 张以下，中国 2018 年是 4.6 张。"十三五"规划要求 2020 年中国的千人床位数要达到 6 张，这是公共卫生投资和公共卫生水平提高的一个标志。千人床位数是公共卫生资源的系数，多一张病床就意味着要有更多医生、护士、医药以及医疗器械的投入。

表 7.1 20 国集团千人床位数（2018 年）

日本	韩国	德国	俄罗斯	法国	欧盟	阿根廷	中国
13.5	11.5	8.3	8.2	6.5	5.6	5	4.6
澳大利亚	意大利	美国	南非	英国	加拿大	土耳其	沙特
3.8	3.4	2.9	2.8	2.8	2.7	2.7	2.7
巴西	墨西哥	印尼	印度				
2.2	1.5	1.2	0.7				

注：目前全球千人床位数平均水平为 2.7 张。目前的情况表明，当千人床位数在 7 张以下时，除中国外，病死率将显著上升。

我们曾经计算过，全球千人床位数平均水平是 2.7 张，在目前疫情大流行的情况下，只要千人床位数低于 7 张，病死率就会提高。我们为什么担心美国的疫情？因为美国千人床位数只有 2.9 张；我们为什么更担心印度？印度千人床位数只有 0.7 张。媒体提到的公共卫生资源崩溃，指的就是超出这个承担能力，崩溃指标就是病死率大幅度提升。而统计数据显示,当超过公共卫生负载率,病死率提升最快的是 45 岁以下的年轻人。为什么？这是关于收入的经济学问题。一般年纪较大的人,一辈子工作下来有储蓄,有钱看病,他刚染病会就把床位占了。而年轻人一是没钱,二是身体强壮,刚染病没有什么症状,等严重了,已经没有床位了。没有医疗资源支持,所以病死率上升最快。这引发更深刻的思考,美国现在的族群分裂,病死率最高的是有色人种——黑人、印第安人,因为收入低。这是在疫情冲击下,美国的选情变得如此之复杂的一个很重要原因,疫情暴露出收入分配和社会公平性问题。

新冠肺炎在目前看来还是一个呼吸道疾病,尽管更多研究证明它伤害的不仅仅是肺部,而是可能对全身都有伤害,但是至少目前表现的是肺部的症状,主要是呼吸困难。在没有特效药的情况下能使用的就是支持性疗法,叫通气。新冠肺炎疫情转重症概率非常之高,于是人们把公共卫生负载量更加细化成两个指标：一个是重症监护水平。我们统计过法国和德国的情况,两国在患者数上相差并不是很大,但是在病死率上相差数很大。为什么？德国重症监护室数量是远远高于法国的。二是通气水平。这个指标反映在对外贸易上。2020 年中国出口增长最快的医疗卫生产品——一开始是口罩,后来是防护药品,再后来是呼吸机。售价 20 万以下人民币中低端呼吸机中国的产量最大,而且价格最便宜。高端呼吸机德国的最好,ECMO 就是德国生产的。所以,公共卫生负载量不仅是千人床位数,对于新冠肺炎来说更是重症监护室，重症监护室必备设备是呼吸机。

前面已经提到，所谓时间缓和，是把疫情控制在一国的公共卫生负载量之下。在这种情况下如何安排经济活动，避免过分衰退，成为经济政策的重心，反过来说，公共卫生政策要考虑经济增长并在这个前提下进行抗疫安排，其中病死率又是重心。抗疫与经济的均衡点就是公共卫生负载量。请大家注意，如果你们学经济学的话，这是疫情经济学构建的要点。

人类正在面临严峻的挑战。尽管全球都在制订抗疫经济政策，但是能否把疫情控制住仍然是一个未知数，人类很可能会进入与病毒共存的新时代。

持续时间越长，抗疫就越艰难。抗疫最好的办法就是有疫苗，有特效药。但是目前疫苗和特效药的研发，进展似乎不像想象得顺利。如果新冠病毒疫苗药物的研发进展不顺利，加之病毒在变异之中，而且变异速度比较快，人类很可能会进入一个与病毒长期共存，在共存中长期相互博弈的新时代。这个新时代意味着什么？意味着过去认知世界的逻辑正在改变，世界的范式正在发生深刻的变化。

二、疫情对全球金融的影响

抗疫就会引起一定的经济衰退，有衰退就需要对冲，即宏观政策安排。疫情持续时间越长，需要的宏观政策对冲力度就越大，这就带来新的问题。表现最为突出的就是美国，"弹药"不够。我们知道，为缓解疫情的伤害，财政开支规模扩大是必须的，大幅度的赤字就成为必然现象。从而，发行国债为赤字融资就成为关键，在经济衰退的环境中，市场主体没有钱也没有意愿购买国债。唯一可能的购买者就是中央银行。事实也是如此，中央银行成为国债最大的购买者。形象表述就是中央银行开动印刷机印钞票，买国债来支持财政开支。由此形成一个新的金融理论，就是现代货币理论（Modern Monetary Theory，MMT）。

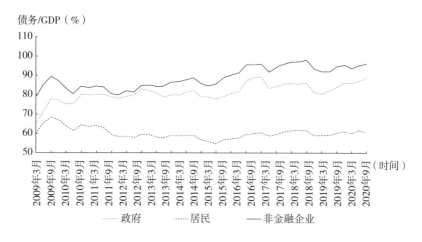

图 7.2 2009—2020 年美国债务在 GDP 中的占比

在利率已经为零的情况下，怎么继续筹措"弹药"？需要有新的金融工具出现，一个就是永续债。什么是永续债？就是不用还本的债，比如 100 年的债，意味着每年在通货膨胀 1% 的情况下，到 100 年本钱就变成零了。另一个是负利率债，不仅债没有利息，而且还要倒给发行者贴息。这在财务上都是无法持续的，但却又是当前的现实。当然也有新的设计，比如共同承担债券，这就是欧洲发行的 7 500 亿欧元债。所谓共同承担债券，就是疫情轻的国家承担疫情重的国家的财务负担。从积极的角度来说，欧元区终于向财政一体化方向过渡。从消极角度来说，这个过渡如果不能完成，就会埋下一个新的隐患。

财政永续债、负利率债、共同承担债，甚至财政在央行户头上直接透支，这些政策已经不断涌现，令人眼花缭乱。这给全球带来了两种风险：一是传统理解的以金融危机为代表的快速去杠杆资产负债表衰退的危机，二是以 MMT 为代表的新型问题所带来的危机。

第一种危机（以去杠杆为代表的金融风险）正在形成。先回顾一下 2008 年的金融危机，它是资产负债表衰退危机。一个社会有 4 张资产负债表，如果是开放的社会则有五张资产负债表。一张是政府的，一张是企业的，还有一张是金融机构的。我想指出的是，金融机构资产负债表正好和企业是相反的，你的负债就是我的资产。第四张是每个人都有的，家庭资产负债表。如果在开放条件下，还有第五张，就是国际收支资产负债表。这几张资产负债表只要有一张衰退，就会传递到其他资产负债表上，形成整体资产负债表衰退。由于金融的杠杆最长，一旦衰退，它的速度最快，所以这种衰退被定义为金融危机。我想指出的是，并不是因为金融机构出了问题才导致这种衰退，很可能是其他资产负债表衰退，最后都会波及金融。

想想看，美国 2008 年的金融危机是什么？是次贷危机，是家庭资产负债表衰退，是房子按揭贷款无法偿还，进而导致金融的系统性坏账。金融是经济社会的系统性的重要机构，一旦崩溃会带来严重的社会灾难。于是政府不得不用加杠杆办法来对付市场去杠杆。这就是量化宽松的货币政策，在大幅降息的同时，央行在一级市场购买国债资产负债表，支持政府加杠杆来扩大开支。

再看欧债危机。希腊经济无发展，但福利高，政府借钱发福利。终于有一天政府借不到钱，政府的资产负债表开始衰退，而持有政府债权的都是金融机构，于是金融机构资产负债表跟着衰退。金融机构资产负债表衰退，企业就筹不到资金，企业资产负债表也跟着衰退。企业资产负债表衰退，就无法维持生产，只能解雇工人，家庭资产负债表跟着衰退。

2008年危机以后，全球开始进行宏观审慎管理（宏观审慎核心概念是管理杠杆，杠杆不能过高，扩张的时候不能过快，收缩的时候也不能过快），美国的家庭资产负债表和金融机构资产负债表修复比较快。但是与此同时，美国政府资产负债表和美国企业资产负债表却是在快速扩增之中。

继续讨论新冠肺炎疫情，当下人们担心因疫情影响，政府和企业资产负债表会不会快速衰退，出现资产负债表衰退危机，这种可能性并不是没有。

图7.3是全球大宗商品市场的表现。2020年以来大宗商品的价格变动非常之剧烈，总的来看，贵金属涨得最快，黄金白银是货币现象。除此之外是其他金属，但是有一块下跌得非常厉害——能源。

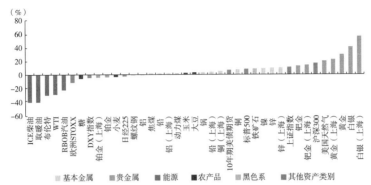

注：从2020年初，随着市场经历了新冠肺炎疫情、油价暴跌、中美关系复杂化以及全球央行史无前例的货币宽松，市场中主要资产类别的回报率与去年相比发生了结构性的变化，其中贵金属得益于流动性充裕而增长显著，其次是基本金属、黑色金属与农产品。由于人们的交通需求尚未得到充分恢复，能源板块普遍低迷。

资料来源：中银国际，路透，数据截至2020年8月30日。

图7.3 2020年初我国主要资产类别市场表现一览

美国在过去10年中出现了一个新兴传统行业——开采页岩油。页岩油的开采使美国从石油进口国变成石油出口国。中国银行的原油宝交易失败，就使得得克萨斯原油出口价格一下子变成负的了。美国页岩油生产成本平均在40美元左右，价格跌破40美元意味着成本难以维持。而这个行业在过去10年是高负债行业，用大量借贷来推动发展。在美国企业中，页岩油行业大概只有16家成本在35美元以下，略具有竞争力，而大多数都在35美元以上。如果油价长期维持在40美元以下，意味着美国大量页岩油行业会破产，造成债务难以维持，就会出现去杠杆。

这次疫情受伤害最大的是服务业。因为服务业是对人的服务，人不出门就没有生意了，同时服务业也是就业人数最多的行业。服务业受影响，就业就受到影响，家庭资产负债表就有衰退的风险。

为什么美国一开始救助的时候,是对失业人员进行补助?除了满足人道主义,要老百姓活下去以外,很重要一个原因就是防止出现家庭资产负债表衰退。家庭资产负债表的核心资产就是房产,政府在给家庭补助的同时,要求即使在住户付不起按揭和房租的情况下,也不得随意驱赶。如果疫情再持续、再严重,而救济款又难以为继,不仅住户会受到驱赶,而且会出现家庭资产负债表衰退风险。

目前,这些资产负债表衰退风险正在累积。全球的宏观杠杆率都在上升之中。杠杆上升越快意味着未来衰退风险越大。

要警惕传统型国际收支危机。一是欧洲会不会再出现主权债务危机。上次欧债危机最主要发生在南欧国家,南欧国家现在又是疫情最严重的国家,需要借钱来抗疫,能不能借到钱是一个问题。欧元区是货币政策统一而财政政策不统一的地方,这个矛盾是否能够化解依然是一个考验。二是更担心新兴市场国家会不会出现金融危机?我们称之为货币危机或者债务危机。在过去十年中,由于美元利率很低,几乎是零利率,很多新兴市场国家借了大量美元,负债持续升高。从 2019 年底开始,是这些国家的偿债高峰年。由于 2020 年新冠肺炎疫情冲击,不仅出口变得很困难,而且大量资金外流,货币也在急剧贬值中,这使债务偿还更加困难。会不会出现债务危机?2020 年 3 月 25 日,世界银行和国际货币基金组织共同向 20 国集团发出了关于对最贫困国家债务减免的联合声明,就是一个信号。

然而,我们更担心的是现代货币理论(Modern Monetary

Theory，MMT）兴起所形成的新型金融风险。MMT 是 20 年前提出的，但是主流经济学家基本不太认可。它是一个会计办法，通过扭曲央行资产负债表来支持功能性财政，认为在主权货币情况下，把主权货币放在央行资产负债表上还是放在政府资产负债表上，是个会计问题，可以做一些新的安排。由此可以通过央行资产负债表的变化来支持财政开支。坦率地说，这在技术上是可以做到的。

事实也是如此，由于新冠肺炎疫情的冲击，不少国家开始印钞来支持财政开支，支持国债发行，出现了赤字货币化，这种政策当下非常流行，甚至被称为第三种货币政策。第一种是央行通过利率政策影响经济活动。但是现在很多国家利率已经到零了，利率政策便无法施加影响，过去十年已经出现过这种情况。第二种是央行通过扩大资产负债表或者收缩资产负债表来影响经济表现，这是过去 10 年常用的手段。第三种是 MMT，被称为第三种货币政策，即财政和货币相互融合的政策。即财政政策货币化，货币政策财政化。人们希望通过这种方法来加大财政开支，控制疫情并促进经济回到正轨。

这一系列做法尽管技术上可行，但和我们的传统理解却相差很远，在改写财政学和货币银行学。过去我们讲财政政策是"量入为出"，有多少钱办多少事，这是基本的财政底线。现在是"量出为入"，先干多大事，再想钱从哪里来。如果税收上做不到，就从央行借。事做完了以后，按照伯南克曾经说的，"把钱烧掉"（money burned），然后资产负债表就平衡了。这使货币政策变成财政的一个源泉，这是财政直通金库。实践经验证明，这将导致恶性通货膨胀。

所以，二战后形成了财政货币的两条原则：第一是财政要有规则；第二是央行要有独立性。从全球看，目前德国中央银行的独立性最高。德国中央银行行长的任期是 8 年，超过德国总统的任期。这样的任期安排是为央行货币政策不受政府制约，保持独立性。但是随着新 MMT 的出现，使这些原则似乎都被抛弃了，财政没规则纪律了，中央银行不再独立了。这会导致什么？会出现什么样的金融风险呢？

这种 MMT 理论和实践的后果，其实已经在显现。比如美国，M2 增速 2020 年上半年再次超过 20%。上次美国 M2 超过 20% 的年份是太平洋战争爆发时期。为了支持战争，财政发行战争国债，中央银行给予支持。现在美国的 M2 增速再次超过 20%，与第二次世界大战时期基本持平，并有超越的趋势。M2 增速的提高主要是源于财政赤字的增加，换言之，就是央行印钞票买国债。无论从哪个角度看，都意味着美元会出现贬值倾向，美元指数走低。

也正是因为美元指数波动，引起人民币兑美元的汇价波动。现在人民币对美元已经到 1∶6.6，2020 年的波幅非常之大，原来是 7.2，现在是 6.6。才短短几个月，先贬值后升值，金融风险就在加大。为什么中国银行提示市场参与者现在要谨慎，因为外汇市场会有急剧波动。这个波动不是人民币价值的波动，而是美元的波动。人民币固然有升值倾向，但是升值如此之大是美元贬值所致。美元指数由 103 现在到 92，人们认为还会持续往下走。从某种意义来说，人民币到 6.2 并不遥远，2015 年人民币曾经下到 6.3 以下。美元似乎有长期贬值的趋势。

…… 3个月Libor-Shibor利差（左轴）　—— US$/RMB即期汇率（右轴）

注：相应地，人民币对美元呈现出升值态势，并促使中国人民银行采取应对措施，最近中国人民银行将外汇风险准备金由20%下调到零，逆周期因素淡出就是信号。
资料来源：Wind数据，截至2020年10月。

图7.4　近期人民币对美元汇率升到6.6区间

这种情况预示着：整个国际货币体系正处在一个新的阶段，我们称之为全球货币正在"寻锚"的阶段。"二战"结束以后美元为什么成为国际货币？一是美国GDP在全球GDP中占比大；二是美国的黄金储备占了全球的大部分。但是经过战后发展，这两个占比都缩小了。1973年美元与黄金脱钩，现在美国GDP在全球的份额也在萎缩之中，与此同时，美国的债务占全球比重不断提高。这导致了一个新的"特里芬难题"：美国GDP在全球比重的下降与美国债务在全球比重的上升。这意味着美元这个锚开始不稳定了，需要寻找新的锚，而人民币作为货币锚的作用似乎开始显现。我们注意到，在疫情冲击下，人民币在国际交易中份额逆势上涨，而且在2020年前10个月各国汇率波动中，至少中国周边国家的货币包括俄罗斯的卢布在内都是和人民币同涨同落的，显现出它们在锚定人民币。

现在国际货币体系出现了两种趋势：一种是继续巩固美元的趋势；另一种是寻找新锚，人民币是备选的锚之一。如果未来金融动荡依然还会持续，小锚是稳不住大船的。金融动荡因而也就变成了全球货币寻找寻锚的过程。

在这种情况下，从金融市场观察，美元现在还是国际货币中的主要货币，占全球储备61%左右。所以在没有意外事件出现的情况下，它还是最安全的资产，资金会流向美国，于是美元出现升值倾向。但是进入疫情常态化，人类要跟疫情长期共存，预期开始稳定人民币就变成一个回报率较高又较安全的资产，资金开始涌向中国，人民币就开始加速升值。

三、中国经济重启的政策展望

如何理解经济全球化？第一，冷战结束以后全球各国（极个别国家除外）都采取了市场经济体制，体制的一致性使得制度性交易成本大幅降低，可贸易程度大幅提高。全球进入一个新的自由贸易时代。它是投资贸易自由化的时代，标志就是1995年关税贸易总协定变成WTO。

第二，可贸易程度提高不仅体现在商品上，更重要的是体现在生产要素上。除了人和物在全球流动有困难以外，其他几乎没有障碍，于是生产要素循着最低成本的方向进行重组。中国以劳动力成本低的优势加入了全球化过程，全球资本和中国低成本劳动力相结合，形成了中国出口导向型工业。中国沿海城市的经济发展就是"两头在外"——市场在外，原料在外，只是加工环节在中国境内。中国成为加工贸易出口最大的国家。这种情形同时表明，在经济全球化的背景下，生产力的布局也是全球的。一个产业不再服从于过去的水平分工或垂直分工，而是横卧在世界各国之中，不同的环节分布于不同的国家，形成了全球的产业链、供应链。

第三，管理出现新的变化。所有的企业都扁平化了，因为所有的环节都可以外包，最典型的如苹果公司。苹果公司其实就是一个设计公司，除了设计它所有的生产环节都是外包的，其中加工环节最大的承包商就是中国的富士康公司。由于管理扁平化，全球供应链管理变得最为重要。在这次疫情冲击下，最受关注的问题是供应链管理、供应链安全、供应链金融、供应链能否维持等。

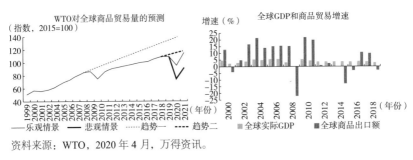

资料来源：WTO，2020年4月，万得资讯。

图7.5 经济全球化进入复杂局面

由于全球化使生产效益大大提升，经济增长速度远远高于以往，贸易增长速度又快于经济增长速度。经济和贸易是皮，金融是毛，毛的增长又快于皮的增长。从这个意义上来说，全球化在某种意义上表现为全球金融一体化，资金成本大幅度降低。十几年前，人们会说我有项目，你有钱吗？咱们来合作吧。现在倒过来了，人们会说我有钱，你有项目吗？咱们来合作吧。这就是全球化的好处，全球经济增长速度很快，贸易增长速度快于经济增长，金融发展速度又快于贸易和经济增长速度。

但是，2008年金融危机后问题出现了。图7.5显示，2008年危机以后，如果按照原有的趋势做一个外推的话，潜在增长是条虚线，但是实际情况是，过去10年实际增长的实线永远不及潜在增长。这两者之间的差额意味着全球产能过剩。而中国产能是为全世界准备的，中国有200多个产品产能位居世界第一，这个缺口加大意味着中国产能绝对过剩，这也是2015年供给侧结构性改革以"三去一降一补"开局的重要原因。其中"去"就是指去产能，最为明显的就是钢铁。中国没有钢铁原料，也没有那么大的钢铁市场，但是中国钢铁产能集中了全球产能的将近60%，其中中国出口钢铁量每年1亿吨。全球第二大产钢国日本全年钢铁产量只有1亿吨。产能过剩，产品又卖出不去，就需要产能的国际合作，这构成了最早的"一带一路"倡议初衷。

经济增长速度不及2008年危机前，贸易增长速度过去10年间连续7年低于经济增长速度。这个形势使我们理解为什么中国开始把扩大内需作为战略基点，因为外需扩大还遥遥无期。黑色的线是从现在开始预测疫情不同情景下对于世界经济的冲击。虚线仍是居于目前疫情的经济趋势外推，但很可能实际增长的时间要大幅低于虚线。特别是目前因疫情，许多人又在家中，情况会变得更加令人担忧。我们真心地希望西方国家能够消除疫情，维持经济趋势性增长，而不是一路下跌。

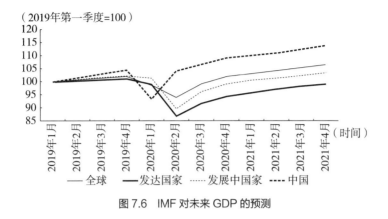

图 7.6 IMF 对未来 GDP 的预测

在全球经济下行的情况下，新的问题又出现了。全球经济出现分化，中国控制住疫情，经济率先反弹；发达国家没有控制住疫情，经济还在下行，这个分化导致了经济政策的分化。因为中国经济全面复苏，政策不需要做更大的刺激，利率维持在正的区间；相反，其他国家的利率是零甚至是负的，这诱导着国际资金在全球频繁流动，冲击国际经济和国际货币体系。此时，逻辑上更需要宏观政策协调，但是现在协调更加困难。以中美战略竞争为代表，几乎没有协调的余地，甚至形成对立。从更长远的角度看，这是"一带一路"共商、共建、共享人类命运共同体理念与机遇化美国价值观的全球经济繁荣网络之间的冲突。

即使从短期经济政策看，情况也是如此。

首先，从国内看，过去10年中国居民收入增长基本等同甚至略高于 GDP 增长，工资成本在持续上升。中国的工资成本已经高于南亚和东南亚国家 3~4 倍，意味着中国的劳动密集型产业在国际上的竞争力正在逐渐消失。因此中国很多劳动密集型产业开始外迁到东南亚地区去。

其次,从国际看,全球经济低迷会持续相当长的时间,这意味着全球总需求会萎靡不振,国际贸易增速因之下降。中国现在不但是第二大经济体,而且是第一大出口国,出口规模占世界市场份额的13%。由于全球贸易增速在下降,如果未来还想维持这个份额甚至还要提升,也意味着进出口总额增速的下降甚至绝对下降。这也表明,不能再指望出口导向性增长了。

由上,把扩大内需作为战略基点,国内国际相互促进的双循环发展新格局就应该成为长期政策定位。我认为这,就是"十四五"的基本思路,也是面向2035年的远景规划。与此同时,这也是因为有中国改革开放的经验可资借鉴。所谓改革就是把计划主导的国家工业化转变为市场主导的全民工业化;所谓开放就是将这一赋能工业化进程纳入经济全球化进程,实现产业结构的快速升级,使中国经济出现了快速增长,成为第二大经济体,并形成全体系的产业结构。

中国不仅有传统手工业,也有先进制造业。联合国工业目录下的41个工业大类、191个中类和520个小类中国全都拥有,其中不少产能位居世界前列,这是我们40多年来所取得的成就。

但是我还想强调一点,这些只是故事的一个方面。中国成为第二大经济体,除了它的工业产业结构高度化、全面化以外,在过去40多年中还表现为人均收入的持续提高。现在中国的贫困线标准是人年均收入3 000多元人民币,而在40多年前98%的中国人达不到这个标准。如果中国2020年能够完成精准扶贫,那么中国就告别了绝对贫困。这既是中国几千年来的奇迹，也是对人类减贫事业的巨大贡献。而这一人均收入提高的过程就是通过工业化、城市化进行的过去40年，中国城市化率由18%提高到60.6%，有6亿农村人口转为城市人口，并脱离贫困，进入中等收入群体。

经过40多年的改革开放，2019年中国的人均国民总收入第一次超过1万美元，已经进入中等偏上收入社会，正向高收入社会门槛迈进。国际上高收入标准是人均12 350美元，中国在"十四五"期间的全部任务可以用一句话概括，就是跨越中等收入陷阱，迈入高收入社会。

我们为什么对以扩大内需为战略基点，实现内循环为主体有信心？过去10年的经验证明了这一点，并奠定了可靠的基础。全面建设小康社会的目标是10年前提出来的，其中有一个核心指标被通俗理解为，2010—2020年GDP实现翻一番，居民收入翻一番，这叫建成小康。我们仔细看"十二五"规划提出的建立扩大内需的机制核心是"两个提高、两个同步"。第一个是提高工资收入在初次分配的比重，要求提高速度跟提高劳动生产率相同步；第二个是在国民收入中提高居民收入的比重，要求提高的速度跟GDP增长相同步。回望过去10年，这两点基本做到了。我们预计2020年中国GDP增长会达到2.5%左右，是全球唯一正增长的国家。更为重要的是，如果2020年能够实现2.5%的增长，意味着2020年的GDP是2010年的1.97倍，基本能做到翻一番。与此同时，在过去10年中，居民平均收入增长是与GDP增长同步的，其中有一个群体——也是占人口大多数的群体——中国农村群体的收入增长是快于 GDP 增长的。这意味着，农村居民收入增长不仅可以翻一番，甚至略高。

随着农民收入的快速增长，很多产业都延长了生命周期，从而可以从容不迫地进行技术改造，进而创新。目前增长最快的行业是什么？是最古老的家具和家装行业。农民有钱了，需要像样的家具和瓷砖。这也引导着家具和家装行业与时俱进，时尚化。这就是技术进步，这就是创新。同理，再看看汽车行业。乘用车销售最好的是 SUV，SUV 销售最好的前十大品牌中有八个是中国品牌，而且曾经都名不见经传。风神、哈佛、宝骏、五菱，售价都在 10 万元左右，恰恰满足了低收入阶层刚刚进入小康水平的需要，既方便出行，还买得起。日产车的流行也促使汽车工业的竞争与创新，开始进入中产收入阶层的需求。合资企业都发现这种车卖得好，也竞相改进。这种创新并不是什么"高大上"的尖端问题，它是点点滴滴的技术革新和进步，是粗制滥造转向高质量的品牌制造的过程。一双普通的鞋质量好，形成口碑，也是技术进步，而不在于它的售价是否高档。从这个意义上讲，面向市场才叫真正的市场经济，它为大众创业、万众创新开辟了现实的空间。

这些现象都印证了只要中国居民收入持续增长，中国市场持续扩大，中国经济就会持续发展，内循环就可以维持并壮大。如果中国将这样一个持续扩大的市场通过规则等制度性开放让全世界共享，中国就在拥抱并引领全球化，就能打通内外循环。从这个意义上讲，中国经济可持续性发展成为全球性问题，构成以国内大循环为主体的基本逻辑。只有国内循环，才能促进国际循环，只有在相互促进的基础上，才能实现民族复兴的中国梦。

如何提高居民收入，尤其是中低收入群体的收入？改革开放 40 年的经验就是城市化。城市的劳动生产率高于农村，从而劳动报酬更高。通过城市化，让更多人口转入城市，这是增加中低阶层收入最好的办法。现在中国的城市化率是 60.6%，发达国家大概达到 75%~80%。假如到 2035 年基本实现现代化，达到中等发达国家水平，城市化率应该是达到 75%~80%，现在还差 15 个百分点，依然有增长的空间。如果未来 15 年还能保持像过去 10 年一样，居民收入增长与 GDP 同步，意味着在未来 15 年中，中国居民收入还会再翻一番。中国现在有高收入群体 4 亿人口，家庭年均收入超过 10 万元人民币，随着居民收入的增长，进入高收入群体的家庭也会增长。根据过去的经验，预计 15 年以后这个数字会翻倍。我们认为，8 亿人口进入中高收入阶层才叫实现现代化。这不仅因为发展经济学告诉我们，经济发展的目标就是人均收入的提高，而且更重要的，现代化社会是一元化的市民社会，中国不可能进入现代化同时还有 8 亿农民，现代化社会不允许有二元经济社会结构的存在。

目前，中国依然有结构性增长潜力。在城市化人口中，还有将近 20% 人口是半城市化人口，也就是农民工。他们虽然在城市获得收入，但是消费却不在城市，这是二元化在城市中的一个突出表现。现在农村家庭收入 70% 来自城市，其中 50% 是务工收入，还有 20% 跟转移支付相关，比如化肥补贴、休耕补贴、种子补贴、农药补贴等。但农民消费通常只达到其收入的 30% 左右，剩下 70%

做什么呢？是在农村宅基地上盖一个漂亮的房子。但盖完漂亮的房子，住在里面没有收入，于是还得出去打工。由此，农民有固定财产，却没有财产收入，这个财产又是无效资产，因为不能变现。

所以"十四五"期间有一项很重要的改革任务，就是实现农民工市民化以及与此相关的土地制度改革。农民工市民化意味着可以在城市定居。这表面上是一个户籍制度问题，但背后却是一系列与户籍相关的深层次体制改革问题，有一系列相关制度，比如社会保障、子女教育、医疗卫生、城市住房，等等。显而易见，这不仅仅是一个经济体制改革可以解决的问题，它还是一个社会问题，同时还是文化问题和生态问题，必须五位一体地全面深化改革。如果涉及农民工市民化的这些深层次改革推进，农民工可以并愿意市民化，那么他对土地的期望自然就不是那么高了。在这种情况下，农村集体建设用地包括宅基地能进行相应的改革，使农民的财产有变现的机会和可能，他就可以获得财产性收入。农民工在城市务工的收入连同他的财产性收入就能支持他在城市里的持续发展。他也可以和城市市民一样去按揭贷款，去买房买车，实现中等收入阶层的标准配置。其消费行为与市民一样，社会的二元性就消解了。这才叫真正进入现代化社会。从这个意义上理解，实现现代化就是要消除社会的二元性。在这个过程中，农业最后变成以机械化、土地规模化经营为代表的社会化大生产，农业变成一个产业，而不再是传统的小农经济。

2020年3月30日，中共中央、国务院颁布了《关于构建更加完善的要素市场化配置体制的意见》，明确提出土地、劳动力、资本、技术、数据要素市场化要求，其中加快并深化土地和户籍制度改革值得我们高度关注。目前，这一改革正在提速，2020年6月30日，中央全面深化改革委员会审议了《深化农村宅基地制度改革试点方案》。

过去40多年的经验表明，改革开放是同一个过程的两个侧面，改革推动了开放，开放促进了改革。随着改革的深化，开放需要向更高层次跃升，这个更高层次就是制度性开放，是预期稳定的规则性安排。制度性开放不仅仅是经济体制，更包含其他诸多方面。"十四五"期间，如果中国建立新的更高层次、更高标准的开放体系，将会以新的面貌面对世界，以规则等制度性开放实现国内外循环的相互促进。

党的十九届五中全会审议通过了"十四五"规划。这是一个五年的远景目标建议。如果在"十四五"期间能形成新发展格局，能跨越中等收入陷阱，中国就能进入高收入社会。再经过持续的发展，我们预计到2035年中国肯定会成为世界第一大经济体。到那时中国人均GDP会超过2万美元，中国社会的科技、教育、卫生等社会也会有更大的发展。如果在2035年中国基本实现现代化，那么无疑就为实现第二个百年目标——2050年建成一个更高水平的全面现代化国家开辟了通途。

中国经济 50 人论坛丛书
Chinese Economists 50 Forum

第八章　全球产业链重构与中国战略应对[①]

隆国强[②]

---

① 本文根据长安讲坛第 366 期内容整理而成。
② 隆国强，中国经济 50 人论坛学术委员会成员，国务院发展研究中心副主任、党组成员。

近年来，关于全球产业链重构的讨论很多，很多人觉得全球产业链重构似乎是最近才发生的事。实际上，全球产业链的形成、演化是经济全球化的一个非常重要的内容。它是全球化的结果，同时也在推动经济全球化不断深化。全球产业链一直处于调整之中，并不是因为今天有什么特殊的事件它突然开始重构了。但是最近几年由于中美贸易战、新冠肺炎疫情等原因，推动产业链重构有了一些新的因素，本文主要讨论全球产业链重构的一些新趋势和中国的应对之策。

第一，全球产业链重构的趋势；第二，在全球产业链重构的新形势下，中国面临的挑战和我们应该如何应对全球产业链重构的新趋势；第三，如何在全球产业链重构进程中再次抢抓机遇。

一、全球产业链重构的趋势

全球产业链重构有变化的内容，也有不变的内容。第一个新趋势是全球分工不断地深化。这是全球产业链不变的内容，但是分工和深化实际上是在加速。

回顾过去几十年，推动全球分工不断深化，从而形成今天的全球分工网络的基本因素有两个。

第一个基本因素是技术进步的推动，多种技术在推动全球分工的深化。其中有两类技术是特别值得关注的。

第一类是跨境物流运输的技术。国际贸易本身就是全球产业链分工的结果，因为物流太贵，所以每个商品都有自己合理的物流半径，太远物流成本过高就不合算了，竞争不过进口国。当年的丝绸之路是靠骆驼运输，海上丝绸之路靠船队，效率都很低，后来随着技术进步才有了汽车、火车和飞机。目前影响全球贸易最重要的物流技术是大规模海运技术。今天的集装箱海运船造得越来越大，以前我们觉得万吨巨轮已经是最大的了，但是现在建造的集装箱轮或者是拉铁矿石的散装船可以达到40万吨。如果你到码头去看，整个船有100多米长，非常壮观。原来对港口水深的要求是几米就行了，现在要十几米、二十几米深，船才能靠上岸。为什么要造这么大的船呢？因为装的货物越多，平均到每吨商品上的物流成本就越低。

集装箱运输是制成品运输最大的载体。虽然现在中欧班列发展很快，但是中国绝大部分的商品进出口都是通过海运来实现的。正因为如此，全球经济的重心都在向海岸带靠近，也就是说离海岸、离港口大概300公里以内是全球经济的重心，内陆的城市在参与国际竞争时处于不利的地位。

第二类是信息技术。要开展国际贸易、国际投资，就必须进行频繁的信息交流。以前人们靠写信、发电报，后来发传真，效率都不高，且成本很高。高信息流成本当然会大大地阻碍国际贸易、国际投资的进程。在这种情况下，如果想到非洲投资建工厂，怎么实施管理？怎么才能掌握它的经营状况呢？

但是因为互联网信息技术的进步，今天我们想发一个电子邮件或者直接拿手机发一个语音，非常方便，成本近乎于零，这大大促进了跨国贸易与跨国投资。而信息技术的进步又改进了物流。现代物流有一项特别重要的进步，就是通过信息技术来管理物流，可以让库存最低，让货物往来运输更加均衡，充分利用运力降低成本。所以这两个技术是最重要的。

那么今天产业链重构的方向是不是因为逆全球化思潮反过来了？我认为不会。物流成本还会进一步降低，信息技术还会继续地进步，作为推动全球分工深化的技术进步的力量是在强化而不是在减弱。即便今天的技术水平已经足以支撑很深的国际分工，未来的技术还会进一步推动全球分工的深化。

第二个基本因素是制度性障碍的持续减少。影响全球化的除了技术因素以外，还有一个障碍就是各国的制度。在1929—1933年大萧条以前有过一轮全球化，那时候不仅投资自由、货物自由，人的跨境流动也是自由的。但是到1929—1933年，美国出现了大萧条，失业率急剧上升，25%的人失去了工作。当时美国率先实行了以邻为壑的贸易政策，把关税抬得很高，保护自己的市场，想要少进口、多出口。美国作为世界最大的经济体开始抬高关税，于是其他各国竞相模仿，也纷纷加征关税。

所以，在1929—1933年，美国以邻为壑的贸易政策，使得世界各国的关税水平都大幅度提升，导致那一轮的全球化出现暂停。这个暂停一直持续到1945年第二次世界大战结束。人们反思为什么会发生世界大战，一个重要原因就是全球市场出现了分割。这种情况下，德国、日本这些新兴的国家要获取资源、开拓市场，不能通过经济的手段来实现，于是就爆发了战争。所以，自由贸易本身可以为全球和平创造条件。当然不能说有了自由贸易就一定没有世界大战，但是它的确有利于减小发生战争的概率。

第二次世界大战以后，人们开始思考如何构造一个持久和平与繁荣的世界，除了在金融领域建立了布雷顿森林体系，还在国际贸易方面达成共识要推行自由贸易。所以当时计划设立一个国际贸易组织（ITO），在还没有达成共识的时候就先签订了关贸总协定。最早有23个缔约方，当时的中华民国是缔约方之一。1986年，中华人民共和国申请恢复关贸总协定缔约方的地位。

关贸总协定经历了8轮谈判，不断消除影响贸易和投资的制度性障碍。最早是降低关税，现在发达经济体的关税平均为2%左右，中国的关税平均值是7.5%，实际征收水平是4%左右，所以关税已经不是影响国际贸易的主要障碍。更重要的是取消了所有的非关税壁垒，就是所谓的进口配额、许可证等。乌拉圭回合又谈服务贸易，达成了《服务贸易总协定》《与贸易有关的投资措施协议》等一系列的协定，在多边层面上大大地降低了制度性障碍，提高了贸易投资自由化、便利化。

与此同时，自由贸易的理念被越来越多的国家所接受。很多国家在国际条约的义务下不断削减关税、非关税壁垒、投资壁垒，同时自主推出了很多推进贸易投资自由化、便利化的举措。由此，影响全球贸易投资的制度性障碍在持续减少，这股力量推动了全球的分工。技术与制度两种力量共同推动全球分工不断深化。全球分工的网络体系，就是我们今天所说的全球生产链、供应链、价值链等。

从投资的角度来看，全球出现了不同的投资跨境转移，最早是劳动密集型产业从最发达的经济体向次发达经济体的跨境转移。"二战"结束以后，日本开始重新恢复经济，日本在20世纪40年代末到50年代，出口的主要是纺织品、服装、鞋帽等。它的经济恢复很快，但由于劳动力的成本上涨，它的纺织服装在成本上就没有竞争力了，于是日本就开始将工厂向亚洲的新加坡、韩国、中国台湾和香港地区转移。

到了20世纪70年代末、80年代初，"四小龙"的成本又上涨了，所以他们就开始寻找成本更低的产业承接地，更多的工厂转移到泰国、马来西亚等东南亚国家。正好在当时中国开始实行对外开放的政策，中国大陆的劳动力比东南亚还便宜，大概成本只有东南亚一些主要经济体的1/3或者1/5。特别是我们在计划经济时期形成了一个比较完备的工业体系，有制造业的基础，劳工素质也很好，所以从 20 世纪 70 年代末到 90 年代,中国参与到全球经济大循环当中,大力发展加工贸易,变成了劳动密集型产业转移最重要的承接国。不管是日资、韩资还是港资、台资企业,它们有资金优势、技术优势和生产组织优势。另外还有一个特别重要的优势,就是全球销售网络的优势。比如国内企业原来也能生产纺织服装,但是在加工贸易之前,因为没有国际销售网络,我们自己生产的纺织服装卖不到国际市场上去,服装的设计、质量、款式也达不到国际市场的要求。我们的优势就是低成本的劳动力、低成本的土地。所以内外两个优势一结合,经过短短的 30 年,到 2010 年,中国就成为世界最大的货物贸易出口国,其中加工贸易占了很大的比重。

第一轮我们看到了劳动密集型产业的跨境转移,再往后我们看到的是资本和技术密集型产业的转移,但不是整个产业都转出来。比如说美国的波音飞机,原来完全由美国自主制造,但是今天是由几十个国家共同生产的。美国公司生产航空铝材,把航空铝材先从美国运到中国港口,再运到中国内地的西安。在西安的西飞公司加工成飞机的机翼,再运到港口装船运回到美国西雅图波音一个最大的车间,再把机翼装到飞机上。

为什么要将飞机机翼的不同制造环节放在不同的地方进行呢?因为做飞机机翼是一个劳动密集型的工艺流程。波音公司把铝材从美国运到中国加工再运回去,比在美国雇工人干成本更低。

波音公司这么做是为了给中国创造就业机会吗?不是的。因为波音公司有一个竞争对手——空客公司,如果波音公司成本明显比空客公司高,它的产品就没有市场竞争力,所以全球分工背后的力量是市场竞争。一家公司想要生存下去，就要追求效率，因此越来越多的资本密集型的产业把不同的生产环节在全球重新布局，然后做产业内分工。

发展到更深的产品内分工，比如一部很小的苹果手机，也不是在一个国家制造的。苹果手机这么小的产品也是几十个国家合力制造的，芯片主要是美国生产，还有一部分芯片是韩国生产，有一些零部件是菲律宾生产，在中国加工组装。

因为市场的驱动，会有资本密集的产业整体往外迁，不限于某一个劳动密集的环节。劳动密集环节的这种迁移是指成本驱动。现在中国是世界上最大的汽车生产国，也是最大的汽车销售国，其中超过一半的汽车是合资企业生产的。虽然马路上能看到不少国外品牌汽车，但是真正的进口汽车所占比重非常低，因为汽车本地生产的要求很高，关税也比较高，所以只有高端的豪车才会有跨境国际贸易，大部分都是本地生产，德国大众、美国通用等很多跨国公司都把整个生产线和工艺转移到中国来，因为这里有最大的市场，这些公司是被市场所驱动的。

今天的全球分工越来越深化。以前发达国家把劳动密集的制造环节转移出去降低成本，今天它们开始把研发环节也转移出去了。跨国公司研发活动的国际化大概从几十年前就开始了，在中国有数千家跨国公司研发中心。2020年以来就有几十家跨国公司在上海建起了研发中心。建研发中心有两个原因：一是发展中国家的人才成本低（这里是指特定的国家），比如说中国、印度这样大的发展中国家，还有俄罗斯，有足够的人才，但是比发达国家研发人员的工资要低得多，这是一个成本导向。二是市场导向。任何一家跨国公司要想在当地销售产品，就要对产品做适应性的研发，也就是针对当地的市场特点来进行研发，否则会水土不服。美国通用电气（GE）公司在上海建的研发中心，是面向全球的七大研发中心之一。可口可乐公司在上海也有一个研发中心，这个研发中心首先是针对中国的。大家喝的粒粒橙是在中国研发的，因为美国人不接受饮料里有杂质。但是中国人喜欢喝有果粒的，所以可口可乐公司针对中国市场研发了粒粒橙，在市场上卖得很好，然后又从中国把粒粒橙卖到了全世界。

全球产业的跨境转移经历了劳动密集型产品到资本密集型产品，再到资本密集型产品本身以及研发的转移，所以这是一个不断深化的过程。这个过程背后是市场力量在驱动，是竞争导致的，或者是为了降低成本，就是我们所说的效率寻求型或成本寻求型投资。还有一类是要素寻求型投资，有一些地方有特殊的要素，比如有特别的人力资源可以进行研发，或者说这个地方有特殊的矿产资源、自然资源。还有一个很重要的类型就是市场寻求型投资，以后市场型跨境投资、服务业投资占的比重会越来越高。

在服务贸易的4种模式里，通过投资开展服务贸易（即商业存在模式）出口占了一半以上。随着技术进步，跨境服务贸易持续增加。人们认为全球化好像出现停滞或反转，其实没有。假如这一轮全球化在2007年达到了高峰，2007年以后跨境贸易投资速度确实低于全球经济增长的速度。但今天全球化的水平和1999年相比是升高了还是降低了呢？当然是升高了。即便有一些国家加征关税、限制投资，那都是局部的逆流。逆流不是全球化的主流，它没有改变全球化的趋势。正是因为这样，全球化的产业分工实际上还在不断深化，这是我们第一个要把握的主流趋势。

第二个新趋势是全球生产价值链更加注重安全性。在全球分工不断深化的同时，一直有各种各样的因素在影响它的安全稳定运行。第一个因素是比较常见的自然灾害，例如前些年的日本地震。日本是很多电子产品和高端材料的生产国，日本地震在短期内会影响到这些企业的运转，再通过供应链传递到其他的国家。其他自然灾害，比如海啸、台风也都会产生影响，但是这些并不会从根本上改变分工深化的趋势。

第二个因素是中美贸易摩擦造成的政策冲击。

第三个因素是公共卫生灾难的冲击。2020年的新冠肺炎疫情令全世界感受最深。为了应对新冠肺炎疫情，很多国家采取了隔离的措施，很多企业都不能正常运转。

新冠肺炎疫情是对全球供应链一个最直接的冲击，全球供应链到现在也没有恢复正常。在这种情况下，无论是政府层面还是公司层面都强调，以后在考虑参与全球分工的过程中，除了要追求效率，追求竞争力，同时还要考虑如何能让自己的产业链更加安全。当前很多人讨论全球供应链的重构，其实是特别强调抵御短期的安全冲击。

第三个新趋势是全球供应链的数字化趋势。信息技术革命对世界各国都是一个历史性的机遇。从工业革命开始，英国率先抓住了机遇，从当时欧洲的一个边陲岛国迅速崛起成为日不落帝国。工业革命以来的250年，哪个国家把握住了技术进步，哪个国家就迅速地崛起。鸦片战争之前，如果从人类历史2 000年的维度看，在这2 000年的大部分时间里，中国一直处在人类文明的前沿，是农业文明最发达的经济体，只是在近代工业革命以后衰落了。

鸦片战争之后我们痛定思痛，意识到错失了工业革命的战略机遇。错失机遇的原因是闭关自守。所以从洋务运动开始，中国一直在补工业革命的课。刚开始我们推行"师夷长技以制夷"，就是引进技术，提高工业。最后发现光靠这个不行，当时日本为什么能够跻身列强，是因为日本明治维新有制度的改革，所以我们又推行戊戌变法。戊戌变法失败了，我们觉得中国传统文化里有很多封建的因素，所以就有了新文化运动。在过去100多年里，我们都在补工业化的课。今天我们变成世界上最大的制成品大国，但是我们还必须清醒地看到，在前沿技术领域我们和发达国家还是有差距。比如汽车制造，虽然我们的产量最大，但是在核心零部件的生产和产品质量、品牌等方面差距还是很明显的，还需要继续追赶。

当前我们面临一个新的历史机遇，就是以信息技术为代表的新一轮技术革命，它正在引导人类生产方式、生活方式发生重大的革命性变化。大家已经体会到了生活方式的变化，未来生产方式也要变。工业互联网已经初露端倪，有一些企业已经在做智能化的生产、网联化的生产，很多生产线已经实现了高度自动化和智能化。

同时因为数字化的进步，很多原来不能进行跨境交付的服务，现在也可以进行国际贸易了。比如在教育领域，过去清华大学有最早的留美预科生，要接受更好的教育就得飘洋过海去留学。现在中国每年有70多万人出国留学，留学其实就是进口教育服务。尤其是这次疫情以后，包括哈佛大学、麻省理工学院大量的课程都开始网络授课，无论是中国学生还是美国学生，在家里或宿舍里就可以听课学习。今后的远程教育资源会越来越丰富。

还有医疗领域。过去看病时人们一定要去医院，让医生面对面做各种各样的检查。现在中国每年有70万人次到海外医疗旅游，相当于我们进口海外的医疗服务。现在远程诊疗越来越普遍，以后看病也不用非到对方的医院去，患者可以在当地做各种各样的检查。最重要的还是依靠医生的经验，帮你远程诊断。

凡是能够数字化、信息化的事物，更是完全不需要传统的分销模式来解决。我们加入WTO后，每年进口20部到40部美国影片，通过电影院来放映。现在看电影不一定要去电影院，用手机也可以看电影。信息化导致大量的原来需要面对面进行的国际贸易，现在可以进行跨境交付，跨境的服务贸易会越来越多，而且会相应地带来很多跨境贸易的规则。新的国际贸易活动如果没有规则，就像公路没有交通信号灯，就无法正常开展。

数字化会大大地改变未来的全球格局。哪些国家重视数字经济的发展，哪些国家拥有数字经济发展的一些比较优势，比如说，人才、市场、数据流动的政策等，就能构成吸引数字经济活动的竞争优势。未来数字经济活动会重塑全球的经济格局，在这个过程中全球的产业链也会跟着变。数字化已经成为能对未来全球产业链产生显著影响的一个新的因素，也是一个新趋势。

第四个新趋势是绿色化。中国一直强调"天人合一"，就是要注重环境的保护。但是全世界很多国家的工业化都经历了先污染后治理这样一个过程。历史上，日本有"水俣病"，美国加州当年有"光化学污染"，伦敦历史上被称为"雾都"。一直到1972年，人们才第一次提出了可持续发展理念，并且迅速被越来越多的国家所接受，从而形成了一个重要的共识。习近平总书记指出，绿水青山就是金山银山。我们在讲新发展理念的时候，强调创新、协调、绿色、开放、共享，绿色是五大发展理念当中一个很重要的理念。

中国是一个新兴的发展中国家。2020年9月习近平总书记在联合国大会上宣布，我们要按照《巴黎协定》实现减排，到2030年的时候达到碳排放的峰值，到2060年的时候达到碳中和，就是通过各种方式吸收所排放的二氧化碳，最后达成经济发展不再增加二氧化碳排放的目标。这是一个宏伟的目标，需要倒推采取各种各样的绿色发展措施，包括绿色技术、绿色生产方式、绿色消费方式等，当然还要相应地完善绿色法规等。

未来的绿色化发展会影响到全球的投资和贸易。今天的新能源，比如太阳能发电，20多年前非常昂贵，发1度电要4元~5元，而火力发电1度电才4角多，各国都给光伏发电提供补贴。

发展新能源汽车，也是出于绿色化的考量。对于像中国这样的发展中国家，如果按照原有的技术路径追赶发达国家是很吃力的。所以数字化和绿色化带来了很多新的发展路径，使我们有可能实现换道超车。新能源汽车不用传统的汽车发动机、自动变速器，采用的是蓄电池和电控技术，这样我们就可以另起炉灶。目前在这个方面，我们和发达国家的差距要小得多，也给了我们一个换道超车的机会。当然这对任何国家都是一个机会，所以它是一把双刃剑。如果我们抓住了就可能后来居上；如果没有把握住，我们跟发达国家的差距就会越来越大，而不是缩小。

今后消费者的绿色理念越来越强，消费者在选择产品的时候会问，这是不是低碳的产品，是不是绿色的产品。绿色消费的理念也会反过来影响生产的过程，从而影响全球的贸易和投资。所以在过去成本驱动市场竞争的压力下，全球分工会继续深化，那么新的三个趋势就是安全性、数字化和绿色化，这会影响全球供应链的加速重构。

二、中国面临的挑战

第一个挑战是我国在全球分工中的地位不高，总体上处于全球价值链的中低端。中国实行改革开放，参与了全球分工，成为上一轮全球产业特别是劳动密集型产业跨境转移最大的赢家。但是发展到今天，作为世界上最大的货物贸易出口国，尽管看统计数据，我们出口的 1/3 是高新技术产品，包括电脑、手机等，但是从全球价值链的视角看，其在中国的增值只是对劳动密集型产业的缓解。

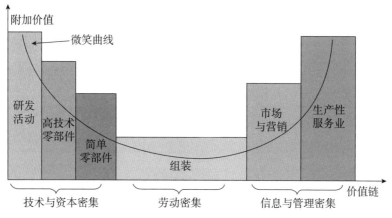

图 8.1 微笑曲线：全球价值链

图 8.1 的这一条曲线叫微笑曲线，这是宏碁电脑创始人施振荣提出来的。他发现个人电脑（PC）产业是国际化程度很高的产业，因为全球有一个电子产品协议，电子产品是没有关税的，所以分工全球化程度很高。中国是最重要的加工组装地，无论 PC 机、平板电脑还是手机，这些电子产品中国出口所占的比重很高，但是一些核心零部件比如芯片还要依靠进口，主要来自美国、日本和韩国等。

研发活动集中在发达经济体，下游是服务链条，包括专业服务、品牌运营等。这一条曲线叫价值链。虽然我们也在这个链条上，但是我们是低附加价值的产业。上游做研发、复杂零部件生产是高附加价值的，比如美国的一个制造业工人工资是一个中国制造业工人工资的 8 倍，因为他从事的是高附加价值的产业活动。一个国家是否富裕，从产业链的角度来说，就看它在全球产业链中从事高附加价值还是低附加价值的产业活动。如果做的都是高附加值产业环节,国家就富了,如果做的只是低附加价值产业环节,无论规模做得多大,还是一个穷国。我们现在就是在做中低端环节,主要依靠的是劳动力的低成本。

第二个挑战是我们原有的一些产业面临着外迁的压力。第一个因素是比较优势导致的,就是劳动力成本上涨,这是发展的结果。今天中国的劳动力越来越贵了,20世纪80年代、90年代,我们的劳动力成本是东南亚劳动力成本的1/5、1/3,现在我们的成本是越南的3—5倍,老挝的成本更低。

越来越多的发展中国家,也是人口大国,要走出口导向发展之路。越南现在人口9 700多万,是近1个亿的人口大国,印度尼西亚有1亿多人,埃塞俄比亚也是1亿多人,这些发展中国家都想走出口导向路线,都想走中国走过的路,都想搞亚洲"四小龙"所谓东亚模式的出口导向。在我们后面有一大堆比我们成本更低的发展中国家,他们都在拼命地招商引资,吸引产业转出去。按照以往的路径,我们只有一条路就是实现产业升级,加快提高效率。

所以,我们还需要再升级,发展资本密集、技术密集的产业才会有竞争力,我们就会面对与发达国家的竞争。我们在研发、技术、质量、品牌、管理等方面要有新的突破。我们现在的境况是,后有一大堆追兵,前面还有很多强敌,我们被夹在中间并且处在升级的关键时刻,这是我们面临的一个挑战。

第二个是政策因素,美国通过贸易围堵我们。

第三个是安全因素,之前很多跨国公司把工厂建在了中国,当新冠肺炎疫情的爆发使跨国公司考虑到了安全问题。调查显示，90%的公司表示要扎根中国。这说明了中国确实有自己的优势。在新冠肺炎疫情巨大的冲击下，所有人都面临着挑战，但是谁能先克服挑战，就能"化危为机"。所以，现在许多跨国公司下定决心要在中国待下去。

第三个挑战是这些跨国公司经过这次疫情以后，也会适当分散全球战略布局来降低风险或者是增加产业链的安全性，一些发达国家也采取了一些相应的政策措施。2008年金融危机爆发以后，美国开始进行再工业化，吸引美国的公司回到美国去。

第四个挑战是供应链的安全运行。中国深度参与了全球分工，但是在一些先进的、重要的核心材料上还要依赖于外面供给。国家间贸易往来自由的时候没问题，但是当出现美国打压华为、断供芯片这种情况时，就给很多企业包括政府敲响了一个警钟，关键零部件、关键技术受制于人的风险很高，可能会遭遇恶意打压技术进步的情况。这对未来中国参与全球分工也是一个很重要的挑战。

第五个挑战是中国的服务业特别是生产性服务业发展滞后，竞争力不够。中国既是制造大国也是服务大国。我国的服务进口排全球第二位，出口排在第五位。但是我国的进口大概是出口的两倍，意味着每年的逆差和出口量几乎相当。这个逆差背后的原因是服务业的竞争力不够。数字服务业正在加速发展，美国想聚拢一帮同盟，谈国际服务贸易协定（Trade in Service Agreement，简称TISA）新的服务贸易规则，不让中国参与新规则的制定。我国面临着在新规则制定过程中被边缘化的挑战。

第六个挑战是信息安全。信息安全对任何一个国家都是一个重大挑战。数据是新的生产要素，我们要让数据流动起来为生产生活服务，但是数据流动起来就涉及信息安全，包括国家信息安全、产业信息安全、个人信息安全等。各国都在想办法处理好这个关系。习主席提出，要处理好安全和发展的关系。从数字服务的开放度来看，美国开放度最高，因为美国数字经济竞争力最强。欧洲竞争力相对比较弱，它以保护个人信息的名义抵制得比较严。从经济合作与发展组织（Organization for Economic Cooperation and Development）的测量数据看，在世界几十个主要经济体里，我国数据流动、数字服务的开放程度最低。我国在数字的基础设施方面，包括5G等信息基础设施建设发展得很快，但是跟国际先进水平比还是有差距的。我看到一个数据，我国的商用互联网速度只是美国的1/5，价格是美国的13倍，这对整个数字经济的发展显然是不利的。

人才方面，特别是领军人才方面也是我国的薄弱环节。

原有生产性服务业竞争力不强，影响我国在全球产业链的分工地位。未来数字经济的发展，将是影响一国在全球产业链分工地位的关键，因此，能否尽快形成对数字经济的掌控力，将决定未来我国能否在全球产业链中拥有一定的地位。

三、中国的机遇与优势

面临这些挑战，我们可能会感觉到压力很大。全球供应链加速调整，我们究竟该怎么办？其实，任何事物都要看到它的两面性。

我们一方面看到的是挑战，另外一方面则要看到很多的战略机遇。

首先，要看到我国塑造外部环境的能力增强了。原来中国是一个经贸小国，对外部世界影响不大，我们只能去捕捉各种各样的机遇。比如说劳动密集型产业跨境转移是一个机遇，我们就对外开放，以更优惠的加工贸易政策和更有激励性的外资政策来吸引劳动密集型产业跨境转移，未来我们还要这样做。但是今天的中国已经成为一个经贸大国，我们可以采取各种措施影响外部环境，可以重新创造机遇，这个自觉意识特别重要，我们要学会善用自己的影响，主动地去营造一个良好的外部发展环境。

其次，我们看待世界要有辩证的思维，叫"化危为机"。1998年亚洲金融危机爆发，整个东南亚受到巨大的冲击，我们不仅守住了，而且脱颖而出，之后中国就一举超越了东南亚。2008年全球金融危机，美国受到了冲击，欧洲受到了冲击，但是中国在全球的地位大幅度抬升。到2010年前后，我国不仅成为世界上最大的货物贸易出口国，还成为制造业第一大国，超过了美国。2010年我们超过了日本，成为世界第二大经济体，这些都是在危机爆发以后发生的。

这次新冠肺炎疫情又是我们"化危为机"的一个经典案例。按照联合国的预测，2020年全球跨境投资会下降40%，但是来中国的投资1~10月份是正增长，已经超过了1 000亿美元。就是因为投资者看到，中国体制有优势，经济韧性强，发展前景好，所以愿意在中国投资。投资是一种长期决策，看好才会有投资的决策和行动。2020年的投资跟以往比，大项目大大增加了，高技术的制造业增加了，高技术的服务业增加了，外资的质量在不断提升。由此可见，应对疫情得力为我国赢得了吸引高端投资的机遇，这是当前战略期的第一个方面。

第二个方面，我们还面临一个很重要的吸引人才的机遇。未来的竞争要靠人才。中国进入新的发展阶段，要把创新作为主要的发展动力。高质量发展靠的是创新，创新靠的是人才。和所有发展中国家面临的困境一样，全球人才的竞争在很长时间内对我们是不利的，发展中国家的人才总是被发达国家吸引去。但是近年来我国吸引人才的走势越来越好，比如说，留学归国人才，2004年有2万多人，2019增加到58万人。

第三个方面是海外并购的机遇。新冠肺炎疫情爆发以后，很多国家经济运转不正常，有不少企业效益不好，给我们海外并购提供了机会。当企业特别挣钱的时候，是不愿意把股权卖出的，即便同意卖，并购价格也会非常高，现在的危机反而会给中方企业海外并购带来机会。通过并购我们可以得到优质的品牌、先进的技术，或者得到海外市场营销的网络等，对我们掌控全球生产价值链，提升我们的生产价值链都是机会。

从这个意义上说，尽管我们面临很多挑战，但是我们依然处在战略机遇期，只是这个机遇期的内容发生了新变化。

在全球价值链重构过程中，我国还有一些新的优势。虽然传统的劳动力成本变化了，变成了一个弱点，但是同时我们的人力资源优势又凸显出来，这是第一个优势。面对中高端制造业和数字经济，最关键的是工程师。虽然美国的大学比中国多，但是我们一年培养出来的理工科毕业生数量是美国的 10 倍。和中国相比，美国连同排名最靠前的五个国家的工程师数量加在一起也没有中国多，我们称这是一个巨大的"工程师红利"。我国人力资源的优势在未来会越来越凸显。

第二是大市场的优势。以前我们是一个小经济体，跨国公司基本上把中国作为一个低成本生产基地。现在中国总体上来说制造业成本还是比较低，这是一个优势，同时中国又有大市场的优势。中国现在是全球第二大市场，而且是增长最快的大市场，现在越来越多的跨国公司到中国来投资就是看好了我们的市场，要搭中国经济的快车。

第三个优势是我们的产业基础雄厚。虽然有些高端技术还有待突破，但是从产业分类来说，中国的产业类别最全，也是全世界唯一一个所有产业都有的经济体。此外，我们的基础设施比较完善，这是后发优势。美国的高速公路是 100 年前建的，早就老化了。铁路也是 100 年前修建的，虽然不断维护、升级，但也已经落后了。中国的高铁时速在 300 公里以上。中国有后发优势，我们的高铁里程全世界最长，高速公路里程也是全世界最长。我们正在进行新基建，5G 基站是全世界最多的。基础设施是我们在未来全球供应链、产业链重构中的一个很重要的优势。

在这个背景下，我们需要做的：一是要升链；二是要强链；三是要补链，把供应链的弱项补上去；四是要稳链，想办法把有可能外迁的产业稳住。

重点讲升链。以日本为例，在没有全球供应链之前，日本从

20世纪50年代开始发展轻纺工业，60年代发展钢铁、石化等资本密集型产业，70年代开始发展电子工业，然后发展半导体，产业一直在升级。

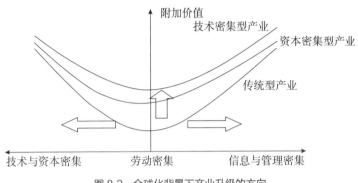

图8.2 全球化背景下产业升级的方向

图8.2这三条曲线代表不同的产业，最低的是传统型产业，向上依次是资本密集型产业、技术密集型产业。在同等价格环节上，都会有一个升级的过程。纵向是传统产业升级，叫产业间的升级。因为有了全球价值链，一个国家的升级有了两个新的方向，在微笑曲线向两端升级，就是从低附加价值环节向上游研发和复杂零部件生产升级，以及向下游去做服务与品牌。在新的全球化背景下，一个国家的升级有了三个方向，既有传统的产业间升级，同时又有了价值链的升级。这是我们讨论全球价值链带来的一个很重要的新思路。

针对不同的产业升级，劳动密集型产业怎么办？一是要尽可能降低综合成本，把这些产业留下来。这些年我们进行营商环境改革，降低企业融资成本，降低制度性交易成本，降低用电成本等都是具体的举措。但是劳动力成本、土地成本确实在上升，所以降成本只是举措之一。

二是要想让劳动密集型产业留在中国，最重要的是抓住人工智能带来的机会，用机器代替人工。举个例子，纺织业长期都被认为是一个劳动密集型产业，第一次工业革命就是从纺织业开始的，出现了珍妮纺织机。纺织业是最早从劳动密集型转化成资本密集型的行业之一。正是因为如此，发达国家还是可以发展纺织业，如今的英国、意大利、美国、日本等发达国家虽然劳动力比较贵，但是它们的纺织厂全都靠机器实现了自动化生产。

由于人工智能的加入，原来必须靠人做的工作，现在机器做得比人还好。很多企业都在迅速地采用工业机器人，越来越多的工业机器人替代了劳动力，劳动成本上涨造成外迁压力大大地减弱。产品还是同样的产品，只不过原来是靠工人手工做，现在是机器做。

人工智能包括工业机器人的普及，会对全球未来的经济格局产生深远的影响。按照以往产业梯度转移的逻辑，大家会认为中国发达起来了，大量劳动密集型产业都会转到更低成本的承接国去，但是现在工业机器人普及了，产业跨境转移的势头会远低于预期。发展中国家要想推进工业化，还要寻找新的机会。中国要用好工业机器人这一机会，把大量劳动密集型产业转化成资本密集型产业，让它们可以留下来。

三是要继续引导产业在国内跨区域从沿海向中、西部转移。不是所有的产业都可以跨区域转移，如果物流成本占比很高，这种产业是转移不了的，只能放在沿海。但是有一些高价值的商品，物流成本占比不高，比如电子产品，就可以转移。

有一部分产业，尽管我们采取了前面讲的所有措施，还是会往外转移。那么我们就要谋划好，往哪儿转，转了跟我有什么联系。如果转得不好，就会出现美国现在遇到的问题——产业空洞化。支持特朗普的很多人就是产业空洞化的受害者。那些蓝领工人原来在底特律当汽车工人收入很高，现在工厂转走了，工人都失业了。所以我们一定要避免产业空洞化。

韩国的对外产业转移比较成功。韩国在20世纪90年代开始对华转移劳动密集型产业，到2016年累计对华产业直接投资接近1 000亿美元。韩国把下游产品转移到中国大陆以后，在本土的产业保留在上游，向中国大规模出口的是中间投入品。也就是说，经过产业转移和中国大陆形成了一个垂直分工体系，不但没有导致韩国的产业空洞化，反而倒推了产业升级，这就是一个成功的转移。

至于资本密集型产业，总体来看我们的资本密集型产业是没有国际竞争力的，因为长期以来我们把这些资本密集型产业比如钢铁、汽车、石化作为支柱产业。这些产业从一开始就是内向的，是以实现进口替代为己任的，是在高保护下发展起来的。虽然我们的汽车、钢铁、石化都是全世界最庞大的产业，产能、产量都是最高的，但是最大的问题是国际竞争力不够，因为这些产业的长期目标是进口替代。

今天，我们必须要调整资本密集型产业的发展战略，要从过去的进口替代战略变成一个开放发展的战略。要降低关税，扩大贸易自由化，扩大投资自由化，推动增强其创新能力。在资本密集型产业升级上,要靠有为政府和有效市场两只手来推动,形成竞争力。除了要引资,更重要的是要引技、引智,要把人才引进来。特别要用好数字革命带来的成果,数字革命导致新的经济活动。还有就是用数字技术来改造提升传统的产业,无论劳动密集型,还是资本密集型产业都是一样的。

所有传统的产品产业都会经受数字化的改造,所以我们提出了"2+2"战略。第一个"2"是两大领域——新经济领域和传统领域,都需要创新,都需要用好数字技术;第二个"2"是技术创新加商业模式创新。

我们还有很多关键技术、关键零部件,例如芯片这样的"卡脖子"技术要加快研发突破,形成一定的供给能力。但是,中国不管发展到什么程度,都是世界经济的一部分。大家一定要放下一种执念——将来中国发展强大了,任何产品都要自己生产,这不可能也不必要。我们在短期内可以让一些供应环节多元化,避免集中在某个供应商或某一国,确保供应链的安全。在全球供应链当中,各国发挥各自优势实现国际化分工,这是开放性世界经济的发展规律。任何产品都想自己生产,既不可能也不符合经济发展的规律,不应该作为我们追求的目标。我们希望提升中国在全球供应链分工中的地位,增强在高端技术、高附加价值环节的掌控力,让中国人富裕起来。同时我们要致力于建设人类命运共同体,与世界各国形成分工协作,实现合作共赢。

要大力增强我国服务业的竞争力。服务业竞争力不强的深层次原因,是"对外开放不足,对内管制过度"。要解决这个问题,就要继续扩大对外开放。近年来，我们在制订负面清单，不断提高开放水平，引进国际人才和学习更先进的服务业管理模式。大量的开放集中在服务领域。对内就是要加快服务业规制改革，用改革解决对内管制过度的问题，包括打破行业性垄断。

我们一定要抓住发展数字经济的战略机遇。中国有人力资源的优势，有大市场的优势，有大量的应用场景的优势，用数字技术发展服务业的前景是很光明的。前提是我们的改革开放一定要到位。

下一步怎么做？从根本上说，我们要在全球供应链、产业链、价值链重构的过程中，争得一个有利的地位，把握好机遇，依靠提高开放水平来服务高质量的发展。

第一，要通过"引进来""走出去"增强我们的创新能力。习近平总书记指出，新发展格局不是封闭的内循环，是开放的双循环；创新也不是封闭的关门创新，是开放的创新。开放的创新就需要用好国际的人才、国际的市场，把国际上各种创新资源和国内的资源、人才市场整合在一起。

第二，全面打造一流的营商环境。在全球化时代，无论是什么样的高端生产要素、资本、人才等，都是哪个国家的营商环境好，就到哪个国家去。营商环境指政府的服务，包括政策、产业配套能力、基础设施和生活环境等，是一个系统工程。世界银行进行了十个方面的评估，实际上营商环境绝不止世界银行评估的这十个方面。近几年，中国在全球营商环境的排名大幅度提升，从90名迅速上升到了31名。但也要看到，我们进一步改善营商环境的潜力是巨大的，还需要做大量的工作。

第三，要支持中国企业"走出去"整合全球的资源。要主动通过海外投资、海外并购获取我们缺少的要素，包括技术、市场网络和人才。人才可以引进来，也要走出去利用，因为不可能把所有的人才都引进中国来，有的人才愿意在加州工作，那么我们就到加州去设立研发中心，雇用这些人才。

第四，要主动积极地参与到各种各样新的经贸规则的制定中，为自己营造一个良好的外部发展环境。这里面包括多边 WTO 的改革、投资协定、服务贸易谈判、电子商务的谈判等诸边协议的谈判。在区域合作中，中国谈了将近 20 个，最新的成果就是《区域全面经济伙伴关系协定》(Regional Comprehensive Economic Partnership，RCEP)。这是世界上人口最多、经济总量最大的一个区域合作协定。但是 RCEP 还不能说是最高水平的区域合作协定，因为在很多区域合作协定里已经触及的新的经贸规则，在 RCEP 里面是没有的。我们还要做好准备去参与更高水平的区域贸易合作安排。"一带一路"倡议是习近平总书记亲自倡导推动的，有利于我们开拓一个新的发展空间，在"一带一路"倡议发展过程中也会重构全球生产价值链。

在开展双边合作中，最重要的是处理好对美经贸关系。为什么大家都关注美国大选，因为美国现在还是世界上最强大的国家，处理好中美关系就是要我们稳定发展的外部环境。美国现在采取了两个办法：一个是让自己跑得快一点，另一个是让你追得慢一点。美国天天批评东亚国家制订产业政策，其实美国才是产业政策的鼻祖。美国人通过各种办法让自己跑得快，同时又想方设法不让他国追得快。美国看到中国的迅速崛起,就开始通过各种手段进行围堵打压,要在科技领域脱钩。脱钩也不是新鲜事,从当年的巴黎统筹委员会到瓦森纳协议出口管制,都是在防范后发国家学美国的技术。美国把高技术产品出口对象国分成5类,限制技术出口到后发国家。现在又变本加厉地提出了在科技领域和人文交流等领域脱钩,目的就是让我们追得慢一点。

我们只有一个选择,就是让自己跑得更快一点。在与美国博弈过程中,我们要保持战略的定力。通过扩大开放,深化改革,增强创新能力,让我们的技术进步更快一点,让高质量发展落实得更快一点。这样我们就能够在现代化的进程中顺利地实现追赶,从全球价值链的角度来说,就能尽快提高我们在全球化分工中的地位。

中国经济 50 人论坛丛书
Chinese Economists 50 Forum

第九章　金融的谜题：德国金融体系比较研究[①]

张晓朴[②]

---

① 本文根据长安讲坛第 366 期内容整理而成。
② 张晓朴，中国经济 50 人论坛成员，中央财经委员会办公室经济一局局长、研究员。

如果一个国家的金融体系具有如下特征：利润率比较低，相对规模比较小；资本市场不发达，证券化率长期低于中国；拥有很多公共银行，不追求利润最大化；企业资金很大程度靠内源融资，对外源融资依赖度低，等等。人们会认为这个国家是一个发达经济体吗？我想大多数人会认为，这个国家更像是一个欠发达经济体。实际上，这个国家就是德国。

吸引我关注、研究和介绍德国金融体系的原因，主要有四个。

首先，也是最重要的原因，德国金融体系较好地处理了金融与实体经济的关系。很多国家包括美国、英国在内，制造业占实体经济比重已经非常低。德国作为一个大经济体，制造业仍然占到国民经济的20%以上，很不容易。相比之下，中国前些年出现了明显的制造业占比下降态势，制造业占比已不到30%。近年来经过努力有所企稳。从金融业增加值占 GDP 比重看，德国较低，只有 3.7% 左右；美国长期处于 7%—8% 的水平；中国在去杠杆前最高也曾达到 7% 以上。

其次，德国金融长期保持稳定。货币稳定，通货膨胀率较低且稳定；没有发生过金融危机，即使在 2008 年国际金融危机中，身处国际金融中心的德国金融业也基本上保持了稳定；在此次疫情冲击中其金融体系也保持了较好的韧性。实际上，自第二次世界大战以来，德国金融体系都保持了稳定性，几乎看不到德国发生金融危机或者债务危机的报道。

再次，中德两国经济金融具有相似性。比如，都具有或曾经具有经济赶超的特征。1871 年德国统一以后，便启动了快速追赶。中国在过去 40 年里同样如此。此外，两国金融体系均为银行主导型，银行在整个融资体系当中发挥着重大的作用。另外两国公共金融机构或国有金融的比重都比较高，这是很多人不曾关注到的，德国公共银行的资产占比超过 30%。

最后，国内对德国金融体系的研究相对较少。研究质量参差不齐，不少研究准确度不够，存在基本事实的错误。

一、德国金融体系的七大谜题

在对德国金融体系进行比较研究的过程中，我们发现德国金融体系存在七大谜题。

一是反金融化之谜。反金融化的第一个体现是德国金融业规模小。将金融业增加值占比和制造业增加值占比分别作为横、纵坐标，可以构造一个"金融—实体经济"四象限图。在这个四象限图中，金融与实体经济关系包括："大金融—大实体""大金融—小实体""小金融—大实体""小金融—小实体"四个象限或四种类型。大与小的标准是：制造业增加值占比超过20%为大实体，低于20%则为小实体；金融业增加值占比超过5%为大金融，低于5%为小金融。中国和韩国两个国家为"大实体—大金融"类型，制造业比例高，金融比例也高。德国为"小金融—大实体"类型，金融比例低但制造业比例高。在四象限图基础上，我们不妨进一步定义一个制造业与金融服务相比的强度系数，即"制造业增加值/金融业增加值"，代表1单位金融业增加值可以支撑或服务的制造业增加值。根据这一指标，德国金融服务制造业的强度系数大概是5.7；日本、中国、法国分别为5.0、3.8、2.7；美国和英国这两个市场主导型的金融体系是1.5和1.4。

英美金融体系在比较金融研究中被称为盎格鲁—撒克逊金融体系或市场主导型金融体系。这也是中国金融市场长期学习的一个典范。国际金融危机以后，我们的认识发生了一些变化。美英两国制造业增加值占比较低，金融业占比非常高。其金融业增加值占比高，与两国金融国际化程度高、具有很强的跨国金融特征相关。

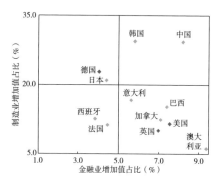

注：德国是典型的"小金融—大实体"。2017年，德国金融服务制造业的强度系数为5.7，高于日本的5.0、中国的3.8、法国的2.7，更是远远高于美国的1.5和英国的1.4。
资料来源：经济合作与发展组织。

图9.1 "金融—实体经济"象限图

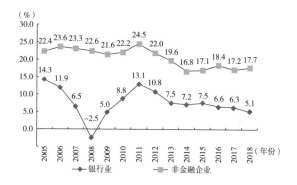

资料来源：国际货币基金组织FSI数据库。

图9.2 德国银行业与非金融企业净资产收益率（ROE）

反金融化的第二个体现是德国未出现报酬结构失衡，金融并未在报酬结构中明显占优势。德国银行业收益率大幅低于非金融企业。2017—2018年，非金融企业ROE高达17%左右，而银行业ROE只有6%左右。我国的情况几乎相反，非金融企业ROE在5%—6%，银行业ROE长期超过15%，近年来有明显下降。报酬结构决定资源配置。德国的"金融—实体经济"报酬结构，使大量要素聚集在制造业。美国金融业增加值占比和金融业利润占比过去几十年系统性提高，与德国趋势相反。

金融业是不是越发达（规模越大）越好？这个问题在2008年之前可能没有人会问，因为觉得没有必要问。从全球历史来看，所有霸权国家都拥有很强大的金融业，比如英国、美国等。但是国际金融危机之后大家开始反思，国际学术界做了很多非常扎实的研究。

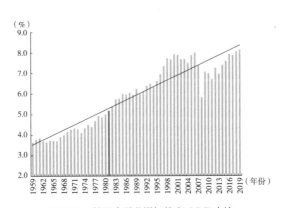

图9.3　美国金融业增加值占GDP之比

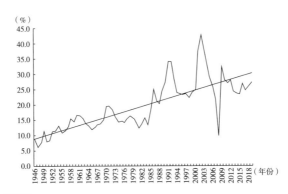

资料来源：美联储。

图9.4　美国金融企业利润与国内企业利润之比

国际清算银行（BIS）的斯蒂芬·G.切凯蒂（Stephen G.Cecchetti)等（2012a，2012b）对多个样本国家近30年来金融发展与经济增长之间的关系进行重新评估后发现：不论从发展规模、发展速度还是金融全球化来看，金融发展并不总是单向促进经济增长，而是存在倒"U"形的抛物线关系或"阈值效应"。具体而言，一定范围内的金融发展会促进经济增长，但在超过临界点后，金融发展便会阻碍经济增长。有一个形象的比喻：正如一个人吃得太多有损于健康一样，过度膨胀的金融体系会成为经济增长的障碍。

二是反私有化之谜。20世纪90年代以来，全球金融业经历了私有化浪潮。但是，德国的公共银行部门（储蓄银行、州立银行和政策性银行）占比保持了非常强的稳定性。根据世界银行的一项研究（世界银行，2018），1995年德国公共银行的资产占比为27%，2010年占比甚至上升到32%。意大利、西班牙、澳大利亚等国曾一度达到30%—40%，2010年却已降至0。德国央行的统计数据也显示，无论从机构数占比还是资产占比衡量，德国公共银行的地位都保持了相对稳定。

表9.1 国有（公共）银行资产规模占比（%）

		1995年	1999—2001年	2008年	2010年
发达国家	德国	27	42	35	32
	意大利	34	14	0	0
	西班牙	30	0	0	0
	澳大利亚	44	0	0	0
	瑞士	21	15	13	16
	奥地利	22	2	5	12
	挪威	32	0	0	0
	希腊	86	18	10	11

续表

		1995年	1999—2001年	2008年	2010年
轻轨经济体	波兰	80	34	17	22
	匈牙利	61	6	3	4
	斯洛伐克	84	15	1	1
	罗马尼亚	89	56	6	8
	俄罗斯	54	52	38	41
东亚及东南亚新兴经济体	韩国	29	35	22	22
	印度尼西亚	64	44	38	38
	菲律宾	29	12	13	12
	马来西亚	3	0	0	0
	中国台湾	62	35	19	18

资料来源：世界银行，2018。

表9.2 德国公共银行情况

		1950年	1960年	1970年	1980年	1990年	2000年	2010年	2018年
机构数(家)	公共储蓄银行	897	880	844	611	784	575	439	392
	政策性银行	13	25	17	16	20	13	18	18
	合计	910	905	861	627	804	588	457	410
	合计占比	25.1%	23.8%	23.9%	18.8%	17.3%	21.5%	23.8%	25.9%
资产规模（10亿德国马克/欧元）	公共储蓄银行	10.7	90.3	314.8	901.5	1842.5	2176.6	2546.4	2049.3
	政策性银行	2.9	26.1	69.0	149.5	499.6	460.8	898.2	1236.6
	合计	13.5	116.3	383.8	1050.9	2342.1	2637.5	3444.6	3286.0
	合计占比	43.9%	46.1%	46.9%	44.7%	44.7%	42.9%	41.2%	42.0%

注：德国储蓄银行没有所有者，也没有会员，不是国有银行（DSGV，2018）。
资料来源：德国央行。

反私有化之谜与德国银行体系的结构密切相关。德国银行体系以"三支柱"闻名。第一大支柱是商业银行；第二大支柱是储蓄银行部门，包括储蓄银行和州立银行；第三大支柱是信用社。这是德国金融体系的很重要的特色。

德国储蓄银行很有意思的一个特点是，它的所有者并不是明确。当地的市政部门只是它的托管者。德国储蓄银行部门的行业协会——德国储蓄银行集团（DSGV）强调，储蓄银行不是国有银行，没有类似商业银行的股东，也没有类似信用社的会员 (DSGV，2018)，不以营利为目标。尽管不以营利为目的，储蓄银行长期比较好地服务了实体企业，总体上也保持了财务稳健。

三是"大分流"之谜。德国宏观杠杆率为发达国家中最低，不仅低于其他发达国家，甚至比新兴市场经济体水平还要低。2019年末，德国宏观杠杆率，即德国总债务与GDP之比，大概为180%，大幅低于日本、法国、美国和中国的380%、327%、254%和259%。可见，德国在宏观杠杆率方面的表现非常特殊。从趋势上看，过去21年德国宏观杠杆率总体上呈现略微下降的趋势，与英国和美国等国家大幅上升形成了强烈反差，我们称之为"大分流"。

四是大稳定之谜。德国一直相信，如果一个国家的货币政策不审慎，会破坏竞争秩序。在德国有一句谚语说，"不是所有的德国人都相信上帝，但他们全都信任德国央行"。可见德国中央银行公信力非常高。与主要发达国家相比，德国通货膨胀率低，房价更是总体上保持非常稳定。需要说明的是，国际金融危机后德国房价也出现了较快上涨，但以近30年平均增速来衡量，仍保持了房价稳定。

第九章 金融的谜题：德国金融体系比较研究

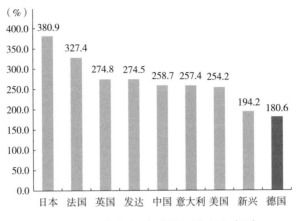

图9.5 2019年末主要经济体宏观杠杆率（%）

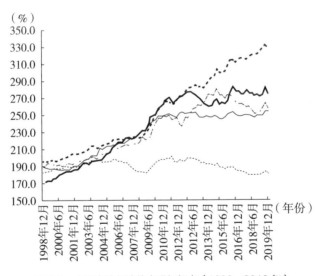

图9.6 主要发达经济体宏观杠杆率（1998—2019年）

资料来源：国际清算银行（BIS）。

表9.3 主要发达国家通胀率

	德国	瑞士	美国	日本	法国	英国	意大利
1949—1996年	2.8	3.1	4.1	4.4	5.9	6.6	7.0

续表

	德国	瑞士	美国	日本	法国	英国	意大利
1949—1960 年	1.1	1.1	2.1	2.9	6.2	4.3	2.7
1960—1972 年	2.9	3.7	2.8	5.6	4.4	4.5	3.8
1973—1979 年	4.9	4.7	8.2	10.1	10.2	14.7	15.5
1980—1996 年	2.8	3.2	4.7	2.0	5.2	6.1	8.6

资料来源：德国央行。

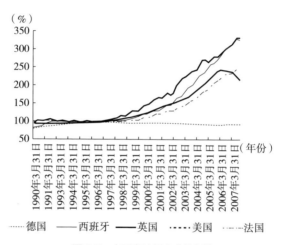

图 9.7 主要发达国家房价指数

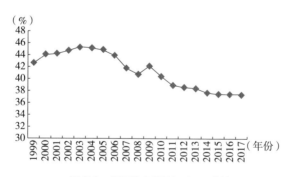

图 9.8 居民购房贷款与 GDP 之比

表 9.4　世界主要发达国家受金融危机冲击情况

国家	危机起止年份	产出损失（%，GDP）	财政成本（%，GDP）	财政净成本（%，GDP）	财政净成本（%，金融业资产）	最高不良率（%）	公共债务增幅（%，GDP）
德国	2008—2009	12.3	2.7	0.7	0.9	3.7	16.2
美国	2007—2011	30.0	4.5	0.6	2.2	4.7	21.9
英国	2007—2011	25.3	8.8	3.8	5.8	4.0	27.0
日本	1997—2001	45.0	8.6	8.5	3.2	35.0	41.7
法国	2008—2009	23.3	1.3	1.1	0.3	4.5	15.9
意大利	2008—2009	32.2	0.7	0.7	0.3	18.0	8.6

资料来源：Systemic Banking Crises Revisited by Luc Laeven and Fabian Valencia，2018。

另外，德国金融体系受国际金融危机的影响小。根据 Laeven and Valencia（2018）的系统性银行危机数据库，国际金融危机带给德国的财政成本是 2.7%，财政净成本只有 0.7%。尽管处于金融危机风暴的中心，德国金融体系总体上没有受到特别大的影响。

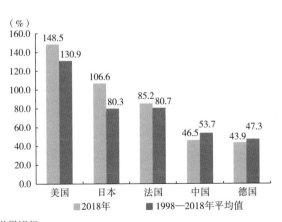

资料来源：世界银行。

图 9.9　主要经济体证券化率

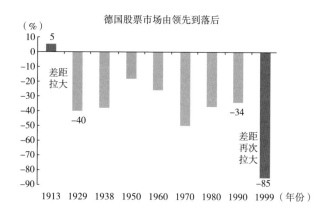

资料来源：Raghuram G. Rajan & Luigi Zingales，2001。

图 9.10 德美证券化率差异

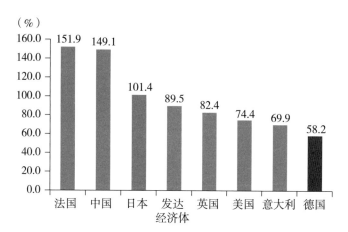

资料来源：国际清算银行（BIS）。

图 9.11 2019 年末主要经济企业部门杠杆率

五是大逆转之谜。德国股市曾经可以与美国相媲美。1913 年在德国柏林交易所上市的证券公司比纽约交易所上市的证券公司多，德国证券化率比美国证券化率高。但是后来德国证券率下降，平均不到 50%。德国股市经历了大逆转，这个变化非常明显。

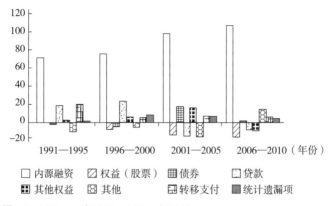

资料来源：Daniel Detzer 和 Eckhaed Hein（2014）。

图9.12　1991—2010年德国企业部门资本形成的融资结构

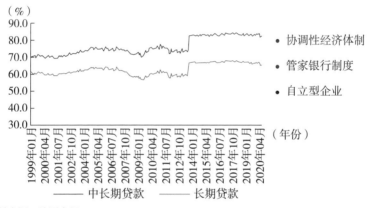

资料来源：德国央行。

图9.13　德国企业贷款中长期贷款占比

六是融资DIY之谜。德国企业部门对外源融资依赖度低。2006—2010年，德国企业部门的资本总体靠内源融资，外源融资为负。根据我们的初步分析，这是德国企业在主动去杠杆。德国企业在这个过程中，资产负债率大幅度下降。

七是协调性之谜。德国银企关系呈现出协调共济特征。每当遇到经济下行的时候,各方面总会提出质疑,金融行业会"晴天送伞,雨天收伞",呈现很明显的顺周期性。德国较好地避免了这一问题,银行与实体企业保持了非常好的关系,雨天收伞情况明显更少。这主要是德国的管家银行制度和协调性经济体制造就。

二、德国如何实现金融与实体经济的良性循环

德国较好地实现了金融与实体经济的良性循环。第一个表现是实体企业的金融化程度不高。外国文献通常用非金融企业食利性收入(Rentier Income)占比来反映金融化程度。非金融企业食利性收入主要包括利息收入和股息收入。德国非金融企业食利性收入占比,无论是从占税前利润、总收入比重,还是从占增加值比重看,都长期保持稳定。过去二十多年,德国非金融企业食利性收入占总收入比重1.2%左右;占增加值比重2%—3%。

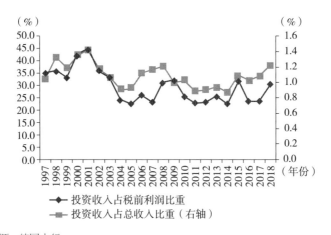

资料来源:德国央行。

9.14 德国非金融企业食利性收入占比

美国则呈现出不一样的情形。美国非金融企业食利性收入占增加值比重高,约占7%~8%,大约是德国的两倍多。这反映出企业相当一部分的收入和利润来自参与金融活动。

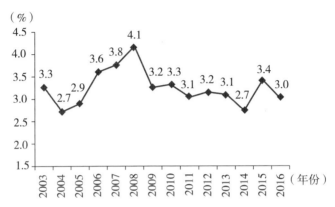

资料来源:德国央行。

图9.15 德国非金融企业食利性收入与其增加值之比

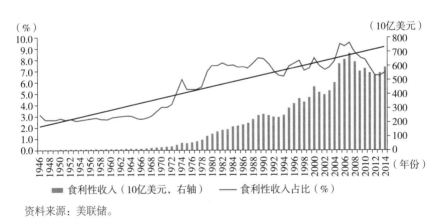

资料来源:美联储。

图9.16 美国非金融企业食利性收入及其非金融企业增加值之比

第二个表现是维持了规模庞大的制造业部门。1991年,德国制造业占GDP比重27.4%,2018年仍然占到23%左右,在主要发达经济体中居第一。而美国和英国制造业占比已经降至略高于10%的水平。

表9.5 主要经济体制造业增加值占GDP比重（%）

国家	1991年	1995年	2000年	2005年	2010年	2015年	2018年	平均
德国	27.4	22.8	23.0	22.4	22.2	23.0	23.1	22.9
美国			15.5	13.3	12.5	12.3	N/A	13.5
英国	17.0	17.3	14.5	11.0	9.9	10.1	10.0	12.6
日本		23.6	22.5	21.6	20.9	20.9	18.8	21.4
法国	17.7	16.6	16.1	13.6	11.5	11.7	11.1	14.0
中国				31.8	32.2	29.4	29.4	31.0
韩国	27.2	27.8	29.0	28.3	30.7	29.8	N/A	28.5

资料来源：经合组织，国家统计局。

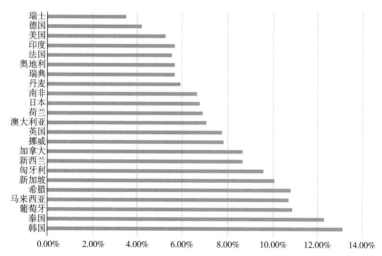

注：从波动率看，1970—2019年，德国非金融私营部门贷款余额增速的波动率为4.19%，在国际清算银行披露数据的主要国家中德国仅高于瑞士，明显低于美国、日本、英国、法国等发达国家。

资料来源：国际清算银行。

图9.17 1970—2019年主要国家非金融私营部门贷款增速波动率

第三个表现是德国银行雨天收伞现象比较少，银企协调、共济。从信贷供给稳定性看，1970—2019年德国非金融私营部门贷款增速波动率是4.19%，明显低于美国、日本、英国和法国等国。

德国银行为什么雨天少收伞？主要有以下几个方面的原因。

第一，包括商业银行、储蓄银行部门及信用社的三支柱银行体系。三支柱银行体系保持了融资供给的稳定性，不论是大企业还是中小企业，都能够得到比较好的金融服务。其中，对小微企业的金融服务以储蓄银行和信用社为主。它们与当地企业长期持续互动，银企之间的信息不对称程度相对比较低。从信贷供给和银行体系运行看，储蓄银行和信用社堪称"稳定器"。它们的运行有3个特征，整体没有亏损、整体没有信贷紧缩、几乎没有破产清算。要做到避免发生信贷紧缩特别不容易，商业银行在2013年就发生了比较明显的信贷紧缩，即信贷从正增长变成负增长，信贷余额出现下降。但是，整个储蓄银行部门和信用社部门总体保持了稳步增长态势。

第二，德国银行业利润导向度低。德国庞大的公共银行部门表现得比较"佛系"，这使得德国有相当比例的银行不以利润最大化为目的。从机构数看，有超过90%的德国银行不以利润最大化为目的。从资产看，不以利润最大化为目的的银行资产占比超过50%。这是一个比较有意思的现象，也是德国的特色。与之相比，我国国有银行改革的方向仍然要强调市场化、商业化，首要特征就是国有银行追求利润最大化并兼顾其他目标。

德国储蓄银行不以利润最大化为目的，同时又保持了相对高的资本收益率和比较好的财务稳健性，这个现象值得深入研究。在研究德国金融体系的过程中，我们发现，有些在国际上看似很成立的结论，一旦用到德国，你会发现理所当然的结论似乎不再那么理所当然。这就引出了我们的一个很重要的观察：未来中国金融体系一定不同于美国和英国，也不同于今天的德国，一定会顽强地走出自己的特色。这个特色究竟是什么，有待于探索。

德国银行低利润导向度和效率之所以能够维持比较好的平衡，很重要的一个原因是与其治理结构相关。储蓄银行实施监事会与管理层严格分离的治理架构，监事会（类似于我国的董事会）对于管理层的日常干预比较少。同时，法律严格限制政府干预储蓄银行，确保了业务独立性。对于合作社，则有非常严格的审计——外部、内部的审计监督。

第三，德国（中小）银行采取了关系型融资模式。比较理想的银企关系应是关系型的。关系型融资又称信息密集型（Information-intensive）融资，其本质特征是银企之间的长期互信关系，信息不对称被控制在了非常低的程度。交易型融资则不同，银企之间保持所谓的"一臂距离"（one arm's length），两者的信息不对称程度比较高。在经济环境好的时候，体现出关系型融资和交易型融资的区别。但是，一旦进入经济下行期或风险暴露期，交易型资本会倾向于从企业部门撤走。经济学上有这样一个现象，在经济下行期，信用会大量逃向高质量部门（flight to quality），逃向优质企业。用规模大小衡量，就是会逃向大企业，中小企业不可避免地会面临信贷紧缩问题。德国关系型融资较好地解决了这一问题，使得企业部门融资较少受到经济下行的冲击。

德国特色的关系型融资制度也被称为管家银行制度(Hausbank)。在管家银行模式下,一家企业会选择一家银行作为主要的结算行、贷款行和金融服务主办银行。这家银行既是主要融资提供者,同时也会参与企业公司治理。这与中国很不一样。管家银行有以下几大特征。

管家银行是企业贷款融资的主要提供者。大概能够接近50%,相关研究显示,平均46%的融资由管家银行提供(Elsas&Krahnen,1998)。

管家银行是信息优势银行。管家银行与企业长期合作,保持长期牢固合作关系,具有信息优势,较非管家银行拥有更多、更相关、更及时的信息。

管家银行深度参与企业公司治理。德国银行主要通过直接持有股权、拥有代管股票表决权(depository voting rights)和拥有监事会席位三种方式参与公司治理。根据相关研究(Edwards&Fischer,1994),1964年德国银行业持有样本企业5%的股权,但获得的代管股票表决权高达50.5%。这一比例非常高,甚至让人以为这些企业的决策权控制在银行手里。最近这个现象已经很大程度上扭转了。Detzer等(2013)的研究发现,2011年德国非金融企业的银行持股比例已经从20年前的12%下降到4%,下降幅度很大。

表 9.6 德国非金融企业股权持有结构：按持有者主体（%）

	1991年	1995年	1999年	2003年	2007年	2011年
非金融企业	42.3	44.0	35.6	36.6	34.8	41.2
银行	12.5	12.9	13.0	9.2	5.1	4.5
保险公司	4.9	6.3	4.5	5.4	5.8	9.2
政府	5.4	4.2	3.5	3.2	1.9	2.6
投资公司及其他	4.2	6.2	12.6	13.4	12.4	12.0
个人	19.3	18.2	16.9	14.9	13.1	11.3
外国	11.3	8.2	13.9	17.3	26.9	19.3

资料来源：Detzer, Dodig, Evans, Hein&Herr（2013）。

在监事会方面，Elsas&Krahnen（2003）的研究显示，德国144家最大的制造业公司中，银行拥有监事会席位的企业占比高达70%。Fauver&Fuerst（2006）发现，在786家德国上市公司中，银行有监事会席位的企业225家，占比29%。不仅在监事会中有席位，银行在监事会的代表通常还是监事会主席（Chirinko & Elston, 2006）。Schaede (2000) 发现，德国DAX指数（股票指数）中30家上市公司中，有11家的监事会主席来自银行。在我国的银企关系中，一方面企业抱怨银行雨天收伞，另一方面银行掌握的企业重大经营决策信息、财务信息和一些软信息都非常有限，很难对企业持续监督或持续支持。

这涉及金融学的一个基本命题。金融功能论有一个很重要的观点，认为金融要发挥公司治理的作用。我国资本市场发挥了比较明显的公司治理功能，但是看不到银行部门在借款企业中发挥公司治理功能。

第四，具有有助于防止企业被银行挤兑的制度——银行池制度（Bankenpool）。一旦某家企业出险（即成为问题企业），债权银行之间会达成一个协议，将非抵押类贷款集合在一起，形成一个池子，然后采取共同行动。一旦达成协议或成立银行池，它们便对参与其中的债权银行产生强有力的约束，银行承诺不抽贷断贷（Keep credit line open）。因为企业已经遇到经营困难了，竞争性抽贷断贷并不利于债权价值的维护。一旦有银行违反约定对企业抽贷断贷，该银行就对其他银行负有重新补足相应额度贷款的义务。此外，如果银行认为企业在技术竞争能力、市场份额和技术含量上都没有问题，还有可能会进一步注入新的资金以救助企业。这是银行池制度很重要的特征。

德国的银行池制度与我国银行债权委员会制度有相似，但是也有不同。一是我国债权委员会经常有监管部门或者政府部门参与甚至主导，德国没有，是纯市场化的；二是一旦确定了重组之后，我国银行对发放新的企业贷款会非常慎重，而德国银行更愿意提供新的资金。

最后，德国金融与实体经济的良性循环，还得益于德国有偏好自我融资的企业。艾伦和盖尔（2003）指出，"只有关注到公司部门，对一国金融系统的探讨才具有完整性"。事实上，金融和公司部门很大程度上是一个镜像关系。比如，一笔银行不良贷款对应的就是一家不良的公司，两者是一回事。公司部门运营不良了，违约概率上升了，银行坏账就会上升。

德国企业一个非常突出的特点，是特别专注主业，发展核心竞争力，存在大量隐形冠军企业。相关统计显示，德国隐形冠军企业接近1 300家，占全世界隐形冠军的企业50%左右。这些企业特别偏好自我融资。赫尔曼·西蒙（2015）的研究发现，有79%的隐形冠军企业受访者认为自筹资金最重要。Ipsos Mori（2013）发现，内源性融资高于欧盟平均水平。Detzer等（2014）发现，2006—2010年，外源融资对德国企业资本形成的贡献为负，全部为内源融资。

有几个值得关注的导致德国企业偏好自我融资的原因。一是德国很多企业都是上百年的家族企业，企业主不愿意丧失控制力。二是管家银行制度形成的约束，一旦企业大量向银行部门融资，企业的控制权很可能部分让渡给管家银行。中小企业普遍比较担心这一点，很多调查也支持这一结论。

三、德国的低杠杆率是如何维持的

过去20年，德国的宏观杠杆率不升反降，居民部门杠杆率在主要经济体最低，低于60%。我国居民部门杠杆率已经超过60%，高于德国。

政府部门杠杆率显著低于主要发达经济体。政府部门杠杆率存在"棘轮效应"，像单向转动的齿轮一样，一环扣着一环，上升很容易，但是下降难。这一效应在日本、美国、英国表现得非常明显，但是德国政府部门杠杆率则保持了充分韧性，杠杆率阶段性大幅上升后，出现了非常明显的下降。

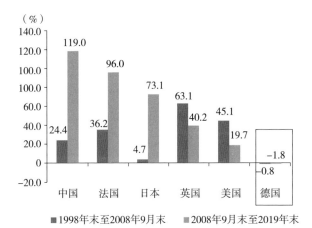

资料来源：国际清算银行。

图9.18 主要经济体宏观杠杆率变动情况

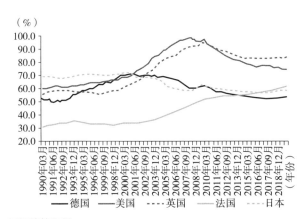

资料来源：国际清算银行。

图9.19 主要经济体居民部门杠杆率

德国企业部门杠杆率比较低，这与企业部门的营利能力很强有关系。与之相关的是，德国的经常账户盈余与GDP占比始终很高。

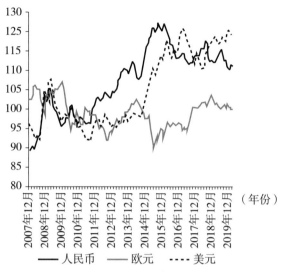

资料来源：国际清算银行（BIS）。

图9.20 美元、欧元、人民币广义名义有效汇率指数

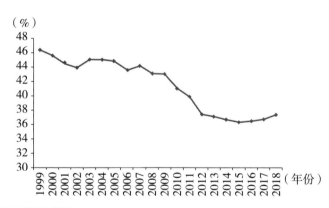

资料来源：德国统计局。

图9.21 德国对欧元区其他国家出口占德国出口比重

德国低企业部门杠杆率是怎么实现的呢？学界认为很重要的一个原因是，德国加入欧元区以后，欧元汇率相对偏低，并不能合理地反映德国实体经济竞争力。德国竞争力在欧元区中相对最高，

偏低的欧元汇率赋予了德国非常强的货币竞争力。这带来两方面效应：一方面增强了德国对于欧元区内其他国家的出口竞争力；另一方面增强了德国对于非欧元区的出口竞争力。

居民部门低杠杆率是如何实现的呢？主要归结为"1+4模式"。所谓"1"，就是把维护币值稳定作为首要目标。德国非常看重币值稳定，把货币、中央银行信用看得比什么都重要。所谓"4"，是指德国住房金融制度的4个特征。德国住房金融是比较值得称道的制度，比如抵押物价值评估（MLV），比较高的首付比（作为一个发达国家，首付要求与我国差不多），审慎的再融资制度（美国普遍采用的出表型资产证券化、加按揭业务在德国没有或并不常见），固定利率为主导。此外，在住房制度上，德国在法律上将住房部门定位为民生部门，在租房上特别保护承租人，要求出租人不能随意涨价，如果擅自违法涨价属于甚至会判刑。

德国低杠杆率可能与德国文化也有一定关系。德语中有一个表示债务的词——Schuld。这个词既指债务，也指罪责、罪孽。借债等同于负有罪责。有一句德国俗语，"一切罪孽都会受到现世报应"（Alle Schuld rächt sich auf Erden）。在这句俗语中，罪孽用的就是"Schuld"。作为一种文化，它有可能防止了德国的过度负债化和过度金融化。另外，德国整个社会氛围比较崇尚实业，德国企业更愿意坚守自己的主业。

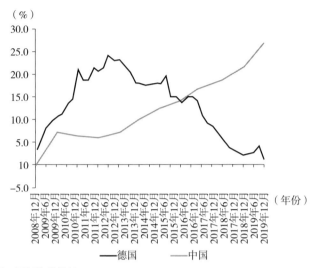

资料来源：国际清算银行。

图9.22　国际金融危机以来中德政府部门杠杆率增幅

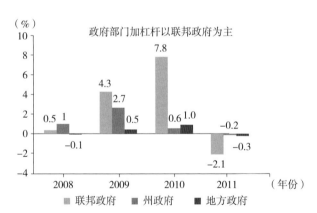

资料来源：德国央行。

图9.23　德国各层级政府杠杆率变化情况

四、德国的中小企业融资并不难

我国中小企业融资比较困难，但是德国的中小企业融资并不难，它们有非常高的融资可得性和稳定性。

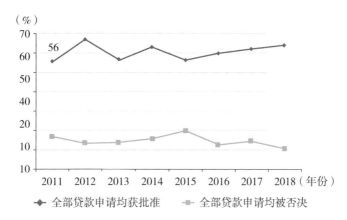

资料来源：德国复兴信贷银行中小企业小组，2019。

图9.24 2011—2018年度德国中小企业申请贷款获批情况

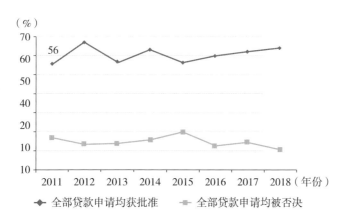

资料来源：欧洲中央银行，2019。

图9.25 欧元区主要国家中小企业融资可获得性变化率

根据德国复兴信贷银行的调查（KFW, 2019），德国中小企业全部贷款申请均获批准比例是64%，全部贷款申请均被否决比例是11%。也就是说，约2/3的提出贷款申请的企业，其全部贷款申请均能够得到批准，10%左右会被否决。这个融资状况应该是比较好的。

从德国和其他欧元区国家的比较，可以看出德国中小企业融资的稳定性。根据欧央行的中小企业融资调查（ECB, 2019），整个欧元区2008—2014年信用贷款可获得性为负增长，最多时候为-20%左右。德国虽然也经历了负增长，但幅度仅有2%—3%，且处于负区间的时期非常短，总体上表现出非常不错的稳定性。

德国中小企业融资呈现出"4个50%"的特征。一是50%以上中小企业表示不需要融资。根据欧洲中央银行和欧盟委员会（2014）的一项调查，74%的德国受访企业未申请贷款，其中79%表示不需要融资。两个比例相乘，可以得出58.5%的受访企业不需要融资。二是50%以上企业贷款是中小企业贷款，2017年为60%。我国则相反，65%左右的融资给了大企业，中小企业融资只占1/3左右。三是50%以上中小企业贷款是长期贷款，2017年的比例为57%。四是50%以上企业贷款是由小银行，即储蓄银行和信用社提供。为什么说储蓄银行和信用社是小银行呢？2019年末，德国储蓄银行平均资产规模为275亿元人民币，信用社只有91亿元人民币，明显小于我国的城商行和农商行。

德国中小企业营利能力强，净资产收益率比大企业高，大企业在10%~15%，小企业在20%~30%。德国中小企业贷款出现净减少，贷款额下降。中小企业融资余额下降与管家银行制度也有关系。在德国中小企业拒绝贷款融资原因的调查当中，对于保持公司独立性这一原因，完全同意的受访企业超过50%，完全同意和同意的受访企业合计超过80%。

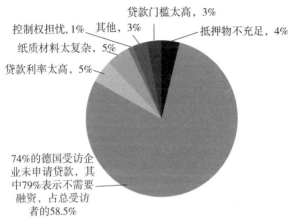

资料来源：欧洲中央银行和欧盟委员会（2014）。

图9.26　德国未申请贷款企业原因调查

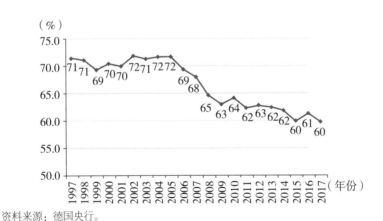

资料来源：德国央行。

图9.27　德国中小企业贷款占全部贷款比重

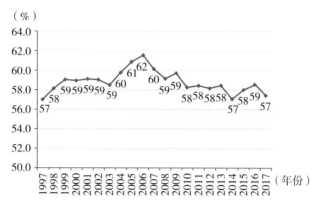

注：在中小企业中长期贷款中，50%以上的企业贷款由小银行提供。德国储蓄银行集团（DSGV, 2018）的报告显示，储蓄银行部门（包括储蓄银行和州立银行）提供的企业贷款占比达到41.9%，其中80%为中小企业贷款；2017年中小企业贷款占企业贷款比重为59.6%，这意味着储蓄银行部门中小企业贷款占比超过50%；信用社在企业贷款市场中的份额接近20%，其中大部分贷款均为中小企业贷款；州立银行中小企业贷款业务较少，储蓄银行与信用社提供的中小企业贷款占比超过50%；储蓄银行和信用社为小银行，2019年末平均资产规模仅为35.3亿欧元（约合275.5亿人民币）和11.7亿欧元（约合91.3亿人民币）。

资料来源：德国央行。

图 9.28　德国中小企业贷款中长期贷款占比

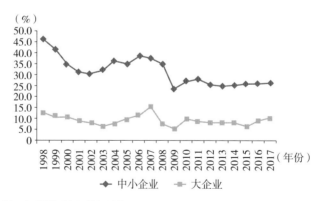

资料来源：根据德国央行数据计算。

图 9.29　德国企业净资产收益率

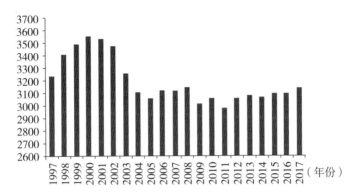

资料来源：德国央行。

图9.30 德国中小企业贷款余额

德国政策性银行给予中小企业很大支持。德国复兴信贷银行发放大量中小企业贷款，每年新发放中小企业贷款占新发放贷款的比例在40%左右。德国的担保银行（不是银行，而是担保机构）也起到很大的作用。担保银行主要为在融资当中遇到困难的企业提供担保。

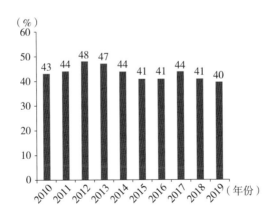

资料来源：德国复兴信贷银行2010—2019年年报。

图9.31 德国复兴信贷银行新发放中小企业贷款占新发放贷款比重

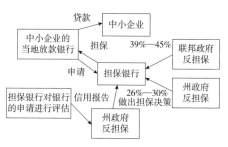

资料来源：德国担保银行协会。

图 9.32　德国担保银行模式

不容忽略的一个事实是，德国中小企业资产负债率其实并不低。如果我们只看德国低企业部门杠杆率和偏好自我融资，很容易认为德国中小企业资产负债率很低。但是，从德国央行提供的企业整体财务数据中看不到这个结论。这是我们在研究中花了很多时间找到的一个事实。

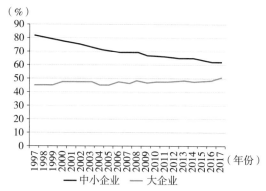

注：德国中小企业高营利率与资产负债率持续下降并存，意味着德国中小企业主动去杠杆；德国中小企业较高资产负债率与德国企业部门低杠杆率 (企业部门债务 /GDP) 并存的主要原因是德国中小企业营利能力强；宏观杠杆率 - 债务余额 / 负债余额 × 负债余额 / 资产余额 × 资产余额 /GDP；大企业与中小企业资产负债率差异的主要原因在于较多股权融资和较少商业信用类负债（预收款项和应付款项）。

图 9.33　德国企业资产负债率

第九章 金融的谜题：德国金融体系比较研究

企业部门营利能力强，企业部门杠杆率（企业部门债务余额/GDP）非常低，但资产负债率比较高。怎么解释呢？宏观杠杆率＝债务余额/GDP。模仿类似杜邦公式对宏观杠杆率进行分解，就能找到大概原因。宏观杠杆率可以分解为"债务余额/负债余额""负债余额/资产余额""资产余额/GDP"等3个因子之积。如果宏观杠杆率低，考虑到资产负债率已经高了，只能是第一个因子（债务余额/负债余额）和第三个因子（资产余额/GDP）比较低。第一个因子比较低意味着什么呢？债务余额/负债余额低，表明负债中有息负债，即需要付息的负债（主要是银行债务）占比低。大量不需要付息的负债是什么呢？在会计报表中，是应付账款、预收账款等企业之间的商业信用往来，说明商业信用可能比较发达。资产余额/GDP比较低，倒过来看就是GDP/资产余额比较高。GDP是流量，资产余额是一个存量。从企业部门来看，GDP/资产余额意味着存量资产的营利能力或者回报率比较高。这样，我们就解释了宏观杠杆率和资产负债率不匹配的问题。

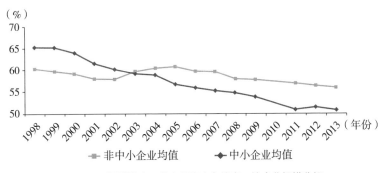

图9.34　规模以上工业企业资产负债率：按企业规模分组

关于中国中小企业资产负债率，我们用规模以上工业企业中小企业作为样本。工业企业指的是年营业收入 2 000 万人民币以上的工业企业。近年来中小企业资产负债率出现下降，从之前 65% 左右降至现在 50% 左右。

前面谈了很多隐形冠军、中小企业的议题，大家可能会认为德国经济是中小企业主导。事实上不是这样，德国的经济体系还是大企业主导型，大企业营收占比为 2/3，资产占比超过 70%。

五、德国股票市场发展是否滞后

德国证券化率（上市公司市值/GDP）大幅度落后于主要经济体。德国上市公司市值大约为 GDP 的 1/2，美国大约是 GDP 的 1.5 倍，日本大约是 1 倍。2018 年中国与德国相近。近两年中国股市发展快，证券化率已经明显超过德国。

德国上市公司数量大幅落后。2018 年末，美国上市公司数为 4 300 多家，中国为 3 500 多家。近两年，我国又增加了 500 家左右上市公司，上市公司数已超过 4 000 家。德国有 8 000 万人口，英国有大约 5 000 万人口，但德国上市公司数只有英国的 1/4。从这个意义上看，德国上市公司数太少。一般理解，一个大国经济、现代化的经济必须有一个发达的资本市场做支撑，德国呈现出来的特点似乎不尽一致。

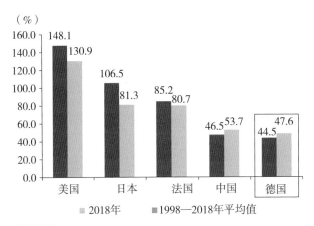

资料来源：世界银行。

图9.35 主要经济体证券化率

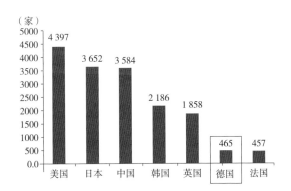

资料来源：世界银行。

图9.36 2018年末德国上市公司数

是德国的股市长期滞后吗？如果用40年的尺度，我们可以说是长期滞后。但是如果用100年长周期的尺度，就不能这么评价。过去40年，德国股市与美国、法国尤其跟美国的差距在拉大。德国也做了很多努力，从20世纪90年代就开始努力推进向资本市场主导型转型：1990年出台金融市场第一促进法，1994年出台第二促进法，1998年出台第三促进法，2002年出台第四促进法；1997年还设立了类似美国纳斯达克的"新市场"，新市场设立后，股市迅速飙涨10多倍，接着下跌，2003年6月市场被迫关闭。

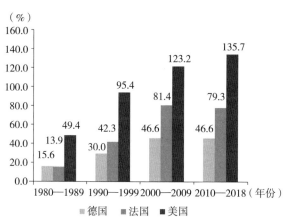

资料来源：世界银行。

图9.37　主要经济体证券化率

德国股票市场发展为什么滞后？学术界做了大量的探索。第一种理论认为，是压缩式的工业化模式导致的。德国作为后发达国家要追赶英国，必须要有很强的资金动员能力。最好的动员方式就是通过金融机构，通过银行组织化方式动员。为了配合压缩式工业化，需要的资金组织方式主要依靠银行，而不是主要依靠资本市场。第二种理论认为，机构替代了市场。德国银行有一个很重要的特征，就是综合经营，银行可以同时持有证券牌照和保险牌照。银行可以为企业提供全面的服务，似乎不需要资本市场，因而机构挤压了资本市场。第三种理论认为，在所谓金融、经济和法律研究当中引用比率非常高，强调德国是大陆法系（即成文法国家）。通常认为,成文法更有助于保护债权人,而不太能够保护资本市场的投资者。因为资本市场投资者面对的纠纷,不是成文法能够提前写在法律条文里的,必须通过司法判决。像美国的海洋法或者是判例法国家,有很强的优势,可以快速处置资本市场的纠纷,判例随时变成法律,从而更擅长保护资本市场投资者。上述观点所揭示的原因,对于德国股票市场发展滞后都有一定影响。

不过,我们发现这些观点都能找到反例。比如,针对工业化模式论,快速工业化期间,德国股票市场在给企业家提供融资服务方面并不逊色于银行。1870—1913年,德国股票市场为企业提供融资占全部企业融资的比重达到43%。针对机构替代市场论,大银行在股票市场发展中甚至扮演着积极的作用。1870—1913年,银行大发展与股市大发展是同时发生的。关于大陆法系论,也有反例。德国的大陆法系传统一直都存在,为什么1913年德国柏林交易所上市公司数量比纽交所多很多呢?同样是大陆法系,法国证券化率高达80%,日本也经常超过100%。这些国家资本市场尽管没有英美两国发达,但也较为发达。国际货币基金组织原首席经济学家拉詹和津加莱斯发现,德国金融发展水平1913年后出现了大逆转(Great reversal)。德国在20世纪70年代、20世纪80年代甚至20世纪90年代都没有达到1913年的金融发展水平。这有些不可思议?但这就是事实。如果我们研究问题只看到20世纪70年代或者只看到90年代,得到的结论跟将时间拓展到1913年所得到的结论有很大不同。不仅德国如此,法国等很多国家跟德国走过的路类似,在全世界都发生过类似的大逆转现象。为什么会发生大逆转现象呢？我们认为主要是利益集团或者政治干预带来的。为什么会有那么强的政治干预呢？主要是"二战"以后，很多国家实行跨境贸易，特别是跨境资本流动限制，很难说服国内金融既得利益者放松管制，给更多机构发牌照。不放松管制，不让新的竞争者进来，金融业、金融发展效率就难以提高。

我们觉得可能还有几个原因也需要特别注意，德国的企业家和学者也在反思。第一个原因是新经济地位发生了逆转。1995年以后成立的中国或者美国的明星企业有很多。比如，中国BATJ（百度、阿里巴巴、腾讯、京东），美国FANG［脸书（Facebook），亚马逊（Amazon），奈飞（Netflix）谷歌（Google）的首字母］，大体上都是1995年后成立的企业。而德国的百年老店随处可见，新生的明星企业很难发现。第二个原因是企业行为保守化。企业的保守行为，可谓是得之于此，失之于此。一方面这意味着健康、稳健的主业，可以三代从事一个主业；另一方面则意味着不愿意上市。资本市场因素，即新市场的失败，也加剧了企业的保守化。在这种情况下，很难奢望一个没有很强扩张欲望的企业群体，能够涌现出大量的上市公司。新经济地位的逆转以及企业行为保守化，意味着需求因素（即对上市的需求），可能是很重要的原因。我们发现，德国企业不仅在德国国内上市的少，在海外上市的也不多。2019年末，德国企业在美国上市的只有12家，英国有73家，印度11家，中国高达184家。

六、从历史政治经济社会多视角认识德国金融体系

如何解释德国的金融体系状况和特质呢？可能需要我们从一个更高、更宽广的视角去思考。过去200年，德国金融体系发展经历了四个不同的阶段："一战"之前为大发展阶段；"一战"之后是大逆转阶段；"二战"之后是大稳定阶段；两德统一后，德国金融进入大转型时代。从贷款余额与GDP之比的变迁看，大发展阶段这一指标大幅上升，1913年之前上升到100%。大逆转时代下降。"二战"之后又开始上升，一直到20世纪90年代末，才达到1913年的水平。德国金融体系的演进，具有独特性、非线性和延续性特征，还表现出一定的奇异性特征。非线性方面，德国金融发展并不是一路向上的。1913—2003年，出现了长达80年的盘整期。对于这一演进历程，要从政治背景（如大国竞争）、经济背景（如经济体制、社会市场经济思想）还有社会背景来理解。

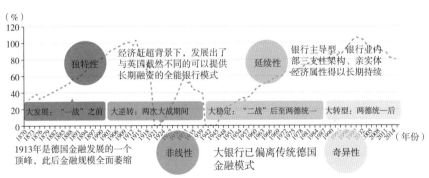

注：政治背景：大国竞争、利益集团及联邦主义；经济背景：经济赶超、协调性经济体制、社会市场经济及欧元区红利；社会背景：大陆法系、风险规避及崇尚实业。

图9.38 德国金融体系发展阶段

经济背景主要是什么呢？前面说到德国宏观杠杆率低，由于宏观杠杆率分子是总债务余额，分母是GDP，其实反映了信贷带来经济增长的能力。这个指标是观察国民经济发展质量的一个很重要的指标，可以以此评估国民经济循环是不是畅通，生产流通分配消费是不是总体上有效率、高水平。前面讲到德国中小企业融资不难，与德国企业自身营利能力和保守化有关系，这些都是经济背景。

社会市场经济是我们需要了解的重要经济背景。社会市场经济是德国经济哲学中很重要的一个思想流派。社会市场经济主张经济自由和社会平衡相结合，强调四大原则。

一是竞争原则。竞争原则特别强调要维护一个有运作能力的价格体系，发挥价格的信号功能、资源配置功能（Walter Eucken, 1944）；强调币值的稳定，认为币值影响竞争秩序（Eucken, 1944）。一个国家如果货币不稳，货币大幅度贬值会影响竞争秩序，导致人们对于进入还是退出一个行业等问题产生很大动摇，使人们心神不宁。比如导致严重通货膨胀后，人们完全没有办法做自己的个人决策，企业家完全没有办法做企业的生产经营决策；或者导致房地产价格急剧上升，大量资金涌入房地产行业，导致实体经济处于不利境地。

二是社会原则。国家可以发挥一些社会救济职能，通过社会救济、保险、津贴等形式进行再分配（哈尔德斯等，1993）。

三是稳定经济原则，认为市场经济需要宏观调控。

四是与市场一致原则。国家的措施要尽可能和市场一致，尽可能减少市场干扰过程，尽可能利用市场化手段去引导市场，实现社会目标。实施社会原则,具体就是国家要限制利益集团的权力;所有的国家干预必须面向维护经济秩序,而不是面向市场过程;经济与社会方面的干预政策必须是系统性的,而不能是特定性的或者选择性的,等等(盖瑞特,1994)。

德国社会市场经济有几个有代表性的学者,如欧肯和路德维希·艾哈德。欧肯提出:"一种稳定的货币不是一切,但一切都是由于有了一种稳定的货币……如果一定的货币稳定不能保证,那么所有落实竞争秩序的努力都是徒劳的。因此,对于竞争秩序来说,货币政策占有首要地位"。路德维希·艾哈德说:"经济问题并不在于物价应不应稳定,也不在于某些条件下应不应任凭物价上升。物价水平必须在任何情况下保持稳定。问题只在于我们该用什么方法来做到这一点"。这次为了救助受疫情冲击的群体,美国、欧洲等主要发达经济体向经济中注入了海量信贷,承诺无条件量化宽松。无条件量化宽松很重要的理论基础就是现代货币理论(MMT),或者说部分理论基础是现代货币理论。现代货币理论认为其是真正的凯恩斯主义,认为没有比浪费国家劳动力更大的浪费,经济是为了实现充分就业。为了实现充分就业,财政政策可以无所不用其极。现在的问题是,发行了这么多货币会不会带来恶性通货膨胀?这是一个非常值得研究的问题。至少在2000年以后,全球大量增发货币,这些货币大量流向资产部门、股票市场、房地产市场,实体经济始终处在一种产能过剩状态,似乎没有发生通货膨胀。但是以后会怎么样呢?如果低利率、低通胀长期存在的话,古典理论确实会受到很大挑战。究竟是理论失灵了,还是这一切正蛰伏和孕育着更大的风险，抑或是通货膨胀开始在全球呈现区域分布不均衡的状态（中心国家不容易发生通胀，而边缘国家易发通胀）？目前还不很清楚。但是从德国的教训来看，一旦发生了恶性通货膨胀，那的确是灾难，是另外一次巨大的危机。

德国金融体系还有一些社会文化背景。从德国整体制度看，有很强的契约精神和严格的司法、执法体系。从法律角度理解，金融就是契约，就是债权债务合同或者持股合同。如果合同法执行得好，商法执行得好，金融的质量就会比较高。如果没有契约精神，就非常容易发生违约，非常容易发生逃废债务，金融的发展就不会很好。

我们还可以从另一个视角来分析德国金融体系的社会文化背景。在阅读德国政治家、经济思想家的著作时，我们能够感受到德国文化不喜欢掩盖问题，而是直面问题，暴露问题。这与东亚国家形成了鲜明的对比。大家如果读《拯救日本》一书，可能会受到震撼，并理解为什么日本陷入了持续时间长达20—30年的银行问题当中。20世纪90年代日本的银行、企业，甚至政府结成一个联盟，掩盖不良贷款，急性病拖成慢性病，导致日本经济的长期问题。当然，也有人从技术进步等其他角度看日本，发现其技术进步效率和国民幸福指数总体上是不错的。这是另外一个问题。总的来说，银行问题给日本经济造成了拖累。

德国金融体系演进的政治背景，前面讲到的反私有化之谜、大逆转之谜，背后都能看到很多政治上的原因。比如，德国的联邦各州有很大的自主性，对当地社会稳定、居民就业和经济稳定发展承担着很重要的职责,需要有手段和工具来支撑,这是德国储蓄银行未被私有化的重要因素。

七、德国金融的十点启示

德国金融能给我们带来什么启示?

在讨论借鉴之前,首先要看到德国金融体系自身有一些不足,要深刻认识德国金融制度运行的政治、经济、社会背景,认识中德两国之间的差异。德国是联邦制国家和市场经济发达国家,中国是单一制国家,尚处于经济转轨和经济转型过程中。经济规模方面,中国是超大规模经济体,德国经济可以维持长期对外失衡,中国不容易维持,同时中国既需要传统产业,更需要新兴产业。

如果我们要比较中国金融体系和德国金融体系,应怎么比较呢?首先需要一个分析框架。世界银行有一个评估各国金融发展程度的分析框架,这个框架包括四个维度或四类指标。第一类指标是金融深度指标,如私人部门信贷/GDP、M2/GDP等。一个国家的金融深化程度是不是私人部门信贷与GDP的比例越高越好?答案是否定的。这个问题十几年前我们都没有意识到,最近几年受到了越来越多的关注。因为私人部门信贷比GDP,大体上相当于我们讨论的宏观杠杆率,私人部门杠杆率当然不是越高越好。第二类指标是可及性指标。比如千人银行账户数。在这个指标上,我国是全世界最好的,好于很多发达国家。这归结于两个因素,一是中国人爱储蓄。得益于此,这次面对新冠肺炎疫情的冲击,我们的企业和个人都有一定承受能力。二是这些年我国移动支付发展特别快。第三类指标是效率指标，比如净利息收益率、非利息收入占比、营利能力等。第四类指标是稳定性指标，如资本充足率、不良贷款率等。总体而言，德国金融体系在稳定性和可及性指标方面表现比较突出，在金融深度和效率类指标方面还不太确定。

比较不同国家非金融企业的融资结构，可以更清楚地识别不同金融体系的差异。1970—2000 年，德国融资结构中，长期贷款占 86%，和日本相同；债券只有 7%，日本也只有 9%。但是，美国长期贷款占比仅为 56%，较德国低 30 个百分点；债券融资占比 32%，分别比日本和德国高出 23 个和 25 个百分点。所以，美国市场主导型不光表现在股票市场，更表现在债券市场。德国和日本确实是银行主导型，银行仍然发挥着非常重要的作用；美国相对来说更加依赖债券市场和股票市场。中国的情况是，2000 年之前在债券市场上的企业几乎为零，股票融资占比 5%。近二十年，中国融资结构发生了很大变化，2001—2019 年贷款融资平均占比降至 78%，债券和股票市场合计占比 22%。如果单独看 2020 年或近几年的数据，债券和股票融资的占比会更高。2001—2019 年，德国贷款占比平均为 69%，股票市场占比 13%，与同期美国的 13% 很接近。但是，一定要深刻理解德国 13% 这个数值的背景。这个背景就是德国企业部门杠杆率在过去二十年是下降的，整个企业部门主要依靠内源融资，外源融资少。这个时候，稍微发行少量股票，股票占比就上升了。日本的情况又有不同，日本非金融企业持续去杠杆，贷款和债券融资都是负的，相关数据得从更长周期视角来看。

表9.7 主要经济体企业融资结构

1970-2000年主要经济体非金融企业融资结构

	德国	日本	美国	中国
长期贷款	86	86	56	91
其中：银行长期贷款	76	78	18	91
非银行长期贷款	10	8	38	4
债券	7	9	32	0
股票	8	5	11	5

注：中国数据中包括银行短期贷款和非银行短期贷款。
资料来源：Hackethal&Schmidt（2004），人民银行，Wind。

2001—2019年主要经济体非金融企业融资结构（%）

	德国	日本	美国	中国
贷款	69	−38	51	78
债券	19	−131	36	17
股票	13	69	13	5

注：日本数据为2001—2018年，这一时期日本非金融企业去杠杆，贷款和债券净融资均为负，因此贷款、债券和股票加总为-100%。
资料来源：经合组织、美联储、人民银行、住建部、中国保险资管协会、中国证券业协会、银行业理财登记托管中心，Wind。

我们需要经常跳出金融看问题，就是要把专业化和综合视角这二者结合起来。比如美国金融街和主街关系一直存在争议，两者关系始终在调整。美国建国之初就有汉密尔顿联邦主义和杰斐逊平民主义的争论。汉密尔顿主张发展金融支持经济，杰斐逊认为金融机构对于一个国家政治的影响，比军队还要危险，担心银行过大会给金融部门带来过多的金融权力和政治权力，进而威胁到美国的民主。离开了政治背景，就不能理解德国的三支柱银行体系；离开经济背景，就不能理解德国的管家银行体系等等。

我们总结了德国金融的十点启示。

第一，要建设适合自己国情的、适应自身发展的现代金融体系。中国金融体系不同于美国、英国、德国，要有自己的特色。建立好的金融体系有一个什么标志呢？除了服务好实体经济，还要形成自己的金融理论体系，其构成要素也要保持自身的多样性。

第二，推动金融和实体经济报酬再平衡。这涉及资源如何配置的问题。前面讲过，如果实体经济营利能力提高了，金融体系营利能力稍微下降一些，二者处在一个更好的平衡上，中国金融体系会更健康、更好。

第三，把促进经济良性循环与去杠杆有机结合起来。去杠杆就是降低经济增长对于信贷扩张的依赖度，去杠杆进程就是推动国民经济良性循环、寻找全要素生产率、技术进步等经济增长非信贷动力的过程。

第四，向德国学习构建一个多层次、广覆盖、有差异的体系。我们的政策性、商业性、合作性金融要合作互补。

第五，银企之间要建立更好的关系。银行和企业之间要建立一种关系型的融资，发展耐心资本。中国可以考虑建立核心银行制度，允许企业选择2—3家银行作为核心银行，向企业提供更好、更长期的服务。

第六，要有耐心地、坚定地发展股票市场。从德国经验和教训来看，股票市场发展并不那么容易，需要相当大的耐心。最近几年特别强调资本市场具有牵一发而动全身的地位，习近平总书记也特别强调致力于建立规范、透明、开放、有活力、有韧性的资本市场。我们已经取得了很大的进步，未来还会取得更大的进步。

第七，完善国有银行现代公司治理机制。不能因为德国公共银行占比高，就认为中国国有银行不需要改革。我们要坚定不移地推动国有金融机构商业化、市场化改革，国有金融机构提升配置金融资源的效率，同时要对国有银行金融机构进行公司治理的改造和完善，使制约制衡机制更好。股东大会、董事会、监事会和经营管理层各归其位，把日常决策给专业经理层做。要加强整个法治建设，使国有企业建立在一个好的法律基础上。

第八，要汲取的一个很重要的教训就是，一个国家无法靠货币超发来创造发展，绝对不能指望靠货币超发创造繁荣。

第九，要确保住房金融稳健发展。确保房地产稳定，中央强调房住不炒，是希望我们的年轻人毕业找到一个体面的工作以后，经过一段时间奋斗，先租得起好房子，后来自己能够买得起。这样才是真正的社会主义市场经济。这些政策都是会长期坚持的。

第十，推动企业自立。企业部门自身要发展，要有竞争力，同时鼓励企业主要靠内源融资，把杠杆、资产负债率限制在合理范围之内。

附录1

中国经济50人论坛简介

中国经济50人论坛,是由我国经济学界部分有识之士于1998年6月在北京共同发起组成的、独立的学术群体。论坛聚集了具有国内一流水准、享有较高的社会声誉并且致力于中国经济问题研究的一批著名经济学家。

论坛以公益性、纯学术性为原则,组织年会、长安讲坛、内部研讨会、各地经济理论研讨会、国际学术交流等研究活动,深入探讨中国宏观经济改革等重大课题。论坛学术讨论秉承三个基本因素:一是有超前性学术研究的需要,二是有讲真话的学术作风,三是有相互尊重的学术氛围。论坛宗旨是把各个领域有着深入理论研究的专家,对中国经济问题及政策建议的研究成果集合起来,希望用他们研究的思想精华推动深化结构性改革,促进中国经济转型和持续稳定增长。

论坛依据章程,实行定期换届选举,确保论坛组织和成员的更新与活力。

论坛学术委员会是论坛的最高领导机构,负责论坛活动的规划与指导。

第四届论坛学术委员会成员:白重恩、蔡昉、樊纲、江小涓、隆国强、杨伟民、易纲。

论坛学术委员会荣誉成员:吴敬琏、刘鹤。

论坛秘书长:徐剑。

附录 2

中国经济 50 人论坛成员名录

（第四届）

论坛学术委员会荣誉成员：

吴敬琏、刘鹤

论坛学术委员会成员：

白重恩、蔡昉、樊纲、江小涓、隆国强、杨伟民、易纲

论坛成员（按姓氏音序排列）：

白重恩	清华大学经济管理学院院长，教授
蔡　昉	十三届全国人大常委、农业与农村委员会副主任委员，中国社会科学院副院长，学部委员、研究员
曹远征	中银国际研究有限公司董事长，教授、研究员
陈东琪	中国宏观经济研究院首席专家、研究员
陈锡文	十三届全国人大常委、农业与农村委员会主任委员，教授
樊　纲	中国经济体制改革研究会副会长，国民经济研究所所长，中国（深圳）综合开发研究院院长，教授、研究员

方星海	中国证券监督管理委员会副主席
郭树清	中国人民银行党委书记、副行长,
	中国银行保险监督管理委员会党委书记、主席,研究员
韩　俊	吉林省委副书记、省长
韩文秀	中央财经委员会办公室副主任
黄益平	北京大学国家发展研究院副院长,教授
江小涓	十三届全国人大常委、社会建设委员会副主任委员,
	清华大学公共管理学院院长,教授、研究员
李　波	重庆市副市长、党组成员,研究员
李剑阁	孙冶方经济科学基金会理事长,
	广东以色列理工学院校长,研究员
李　扬	国家金融与发展实验室理事长,
	中国社会科学院学部委员、研究员
廖　岷	中央财经委员会办公室副主任;财政部副部长
林毅夫	十三届全国政协常委、经济委员会副主任,
	北京大学国家发展研究院名誉院长、教授
刘尚希	中国财政科学研究院院长,研究员
刘世锦	十三届全国政协经济委员会副主任,
	中国发展研究基金会副理事长,研究员
刘　伟	中国人民大学校长,教授
刘元春	中国人民大学副校长,教授
隆国强	国务院发展研究中心副主任,研究员
楼继伟	十三届全国政协常委、外事委员会主任,研究员
陆　磊	国家外汇管理局副局长,研究员
马建堂	国务院发展研究中心党组书记,研究员

钱颖一	清华大学经济管理学院教授、清华大学文科资深教授
宋晓梧	北京师范大学中国收入分配研究院院长,研究员
汤　敏	国务院参事,友成企业家扶贫基金会副理事长
汪同三	中国社会科学院学部委员、研究员
王　建	中国宏观经济学会副会长,研究员
王一鸣	中国国际经济交流中心副理事长、研究员
魏　杰	清华大学文化经济研究院院长,教授
吴晓灵	清华大学五道口金融学院理事长,研究员
夏　斌	国务院参事,当代经济学基金会理事长,研究员
肖　捷	国务委员兼国务院秘书长
谢伏瞻	中国社会科学院院长、党组书记,学部委员、研究员
许善达	国家税务总局原副局长,高级经济师
徐　忠	中国银行间市场交易商协会副秘书长,研究员
杨伟民	十三届全国政协常委、经济委员会副主任,清华大学中国发展规划研究院院长、教授
姚　洋	北京大学国家发展研究院院长,教授
易　纲	中国人民银行行长,教授
余　斌	国务院发展研究中心党组成员、学术委员会秘书长,研究员
余永定	中国社会科学院学部委员、研究员
张维迎	北京大学国家发展研究院教授
张晓晶	中国社会科学院经济研究所所长,研究员
张晓朴	中央财经委员会办公室经济一局局长、研究员
周其仁	北京大学国家发展研究院教授
周小川	博鳌亚洲论坛副理事长,教授、研究员

附录 3

中国经济 50 人论坛企业家理事会成员名录

召 集 人　段永基　柳传志

秘 书 长　林荣强

副秘书长　王小兰

监 事 会　段永基　林荣强

理事会成员（按姓氏音序排列）：

曹德云　中国保险资产管理业协会执行副会长兼秘书长
陈东升　泰康保险集团股份有限公司董事长兼首席执行官
邓召明　鹏华基金管理有限公司总裁
丁建勇　上海东昌企业集团有限公司董事长
段国圣　中国保险资产管理业协会会长
　　　　泰康资产管理有限责任公司首席执行官
段永基　四通集团董事长
桂松蕾　中新融创资本管理有限公司董事长
黄朝晖　中国国际金融股份有限公司首席执行官

林荣强	信远控股集团有限公司董事长
刘光超	北京市道可特律师事务所主任
刘晓艳	易方达基金管理有限公司总裁
刘志硕	中关村并购母基金合伙人
	大河创投创始合伙人
卢志强	中国泛海控股集团有限公司董事长兼总裁
茅 矛	云月投资管理有限公司合伙人
莫 斌	碧桂园控股有限公司总裁及执行董事
宁 旻	联想控股股份有限公司董事长
潘 刚	内蒙古伊利实业集团股份有限公司董事长兼总裁
潘仲光	上海潘氏投资有限公司董事长
平 凡	上海朗盛投资有限公司董事长兼首席执行官
汤道生	腾讯科技（北京）有限公司高级执行副总裁
田晓安	北京字节跳动科技有限公司副总裁
田熠菲	新理益集团有限公司总裁
王小兰	时代集团公司总裁
杨宇东	第一财经总编辑
郁 亮	万科企业股份有限公司董事长
张 毅	金杜律师事务所中国管理委员会主席
张志洲	敦和资产管理有限公司首席执行官
赵 民	北京正略钧策管理顾问有限公司董事长
赵伟国	紫光集团有限公司董事长
周远志	新意资本基金管理（深圳）有限公司总裁
朱德贞	厦门德屹股权投资管理有限公司董事长